도서출판 대장간은
쇠를 달구어 연장을 만들듯이
생각을 다듬어 기독교 가치관을
바르게 세우는 곳입니다.

대장간이란 이름에는
사라져가는 복음의 능력을 되살리고,
낡은 것을 새롭게 풀무질하며, 잘못된 것을
바로 세우겠다는 의지가 담겨져 있습니다.

www.daejanggan.org

파스칼의 팡세

지은이	박철수
초판발행	2011년 8월 19일
개정 1쇄	2015년 8월 27일

펴낸이	배용하
책임편집	윤순하
등록	제364-2008-000013호
펴낸곳	도서출판대장간
	www.daejanggan.org
	대전광역시 동구 삼성동 285-16
	전화 (042) 673-7424 전송 (042) 623-1424

ISBN	978-89-7071-223-9

이 책은 저작권법에 의해 보호를 받는 출판물입니다.
기록된 형태의 허락 없이는 무단 전재와 복제를 금합니다.

 값 10,000원

※ 이 책에 인용된 성경 구절은 〈개역개정판〉을 사용하였습니다.

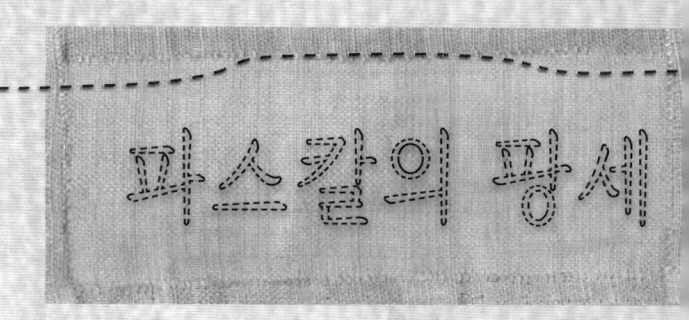

패스같이 팡세

"인간은 자연 중에서 가장 약한 한줄기 갈대에 불과하다 그러나 인간은 생각하는 갈대다." -파스칼-

차 례

파스칼의 생애와 사상 박철수　　17

팡세의 유명한 말들　　49

팡세의 진수들　　57

참고 문헌　　235

파스칼의 팡세 강영안　　237

블레즈 파스칼

BLAISE PASCAL

1623-1662

나는 모든 성도를 형제와 같이 사랑한다. 그들은 구속받았기 때문이다. 나는 가난을 사랑한다. 예수님도 가난을 사랑하셨기 때문이다. 나는 부를 사랑한다. 불쌍한 자를 도울 수 있는 수단을 제공하기 때문이다. 나는 모든 사람에게 성실하려 한다. 또 나는 나에게 악을 행한 사람에게 악을 갚지 않는다. 오히려 사람에게서 나와 같은 상태에 그들도 있게 되기를 바란다. 나는 모든 사람에게 공정하고 진지하고 성실하기를 힘쓴다. 나는 나를 심판하실 하나님, 그분 앞에서 행동한다. 허약과 비참과 욕심과 교만과 야심에 찬 인간을 은총의 힘으로 이 모든 악에서 구원해 주신 구속주를 찬양한다. 모든 영광은 오직 하나님께 있고 나에게는 오직 비참과 오류가 있을 따름이다.   파스칼, 『팡세』

"진리와 성실밖에는 의지할 것이 없다."
— 파스칼 —

"과연 빛을 발견할 수 있는지 없는지 알아 보려면 시험 삼아 최소한 몇 걸음이라도 내딛어볼 필요가 있다. 별로 중요하지 않은 일에 헛되이 보내는 시간에서 조금이라도 짬을 내서 이 글을 꼭 읽어보기 바란다. 혹시 거부감이 있다고 해도 아마 무엇인가 얻는 것이 있을 것이요, 적어도 손해는 보지 않을 것이다. 그리고 진정으로 성실하게 진리를 탐구하려고 소망하는 사람은 만족할 것이며, 팡세의 성스러운 신앙의 증거를 통하여 확신을 얻게 될 것이다."
― 파스칼 ―

"진심으로 진리를 알고자 원한다면 생각을 하는 것으로 만족해서는 안 된다. 더욱 세밀히 살펴보아야 한다. 단순한 철학의 군제라면 그것으로 충분할지 모른다. 그러나 진리를 아는 것은 나의 전 존재가 걸려 있는 문제가 아닌가."
― 파스칼 ―

머리말

나는 파스칼을 사랑하고 존경한다.
나는 그가 쓴 미완성 작품 팡세를 좋아한다.
고등학교 2학년 어느 날 학교 도서관에서
무심코 팡세를 펼쳐든 순간부터 지금까지 50여 년 동안
파스칼의 팡세를 보고 또 보았다.
단지 보았을 뿐만 아니라 팡세를 통하여
인생을 알았고 성경을 알았고 신앙을 알았다.
파스칼은 나의 스승이자 지도자다.
나는 그를 통해서 예수 그리스도를 알고 더 알게 되었다.
그는 진정으로 예수 그리스도를 확신했으며,
그는 철저하게 예수 그리스도께 복종하는 삶을 살았다.
나는 내가 만난 사람 중 이토록 하나님을 확신하며
예수 그리스도를 뜨겁게 사랑한 사람을 만난 적이 없다.

컴퓨터를 최초로 발명하고 만든 사람.
수동계산기를 최초로 만든 사람으로 지금 파스칼은 컴퓨터에 나오는 용어이다.

공용합승제도를 최초로 창안하고 운영한 사람.
가난한 사람을 돕기 위해서.

공장에서 일꾼과 함께 땀을 뻘뻘 흘리며 일한 사람.
수동계산기를 만들기 위해 기계공학이 아직 발전이 되지 않을 때 파스칼은 직접 몇 사람 일꾼과 함께 계산기를 만들었다.

페르마^{Pierre Fermat}와 함께 확률론과 미적분학의 공동 창시자.
16세 때 수학 논문을 발표하여 세상을 깜짝 놀라게 한 사람.
역사상 위대한 인물 중 IQ가 195인 천재.
참고, 괴테 210 아이슈타인 160이다

세일즈맨.
수동계산기를 유럽의 왕들과 귀족들에게 팔려고 했으나 너무 값이 비싸 실패했다.

금욕주의자.
성경연구가.
가난한 사람을 돕는 자선사업가.
암살의 대상이 되기도 한 사람.
파스칼을 따르던 로아네스 공작이 오늘로 말하면 도지사로 임명되었을 때 도지사를 마다하자 로아네스 공작의 가족들이 파스칼을 암살하려 했다.

전도자, 수학자, 물리학자, 문학가, 발명가, 철학자, 신학자의
다양한 직함을 가진 사람.
학교 교육이라고는 한 번도 받지 않은 사람.
병으로 항상 고통 받으면서 39세의 나이로 요절한 사람.
그가 10대 후반기에 죽었다 해도
그 이름이 역사에 남을 사람.
짧은 세월을 살면서도 보통 사람이 몇백 년 동안 할 일을
해버린 정열의 사람.
그리고 무엇보다 성실한 인간이 될 것을 강조하고 실천했던

사람.

　그가 바로 파스칼이다.
　이러한 그가 20세기에 들어와 신학적으로 어거스틴과 나란히 설 수 있는 사상가로, 철학적으로 키에르케고르보다 훨씬 앞선 실존철학의 아버지로 관심을 불러일으키게 된 것은 참으로 의미 있는 일이 아닐 수 없다.
　그러나 뭐니 뭐니 해도 파스칼이 남긴 최대의 업적은 그의 팡세다. 그의 수많은 수학적, 물리학적인 천재적 업적에도 불구하고 팡세는 단연 그의 최대의 유산이다.
　팡세는 단순한 연구논문이나 수필이 아니라 진리를 추구하는 구도자 파스칼의 신음하는 소리요, 진리를 발견하고 복종하며 살아가는 그의 절절한 체험담이요, 기독교 신앙을 전하고자 하는 그의 뜨거운 간증이다. 팡세를 통하여 얼마나 많은 사람이 웃고 흥분하고 고민하고 위로를 얻었는가.
　프랑스의 젊은이들이 전쟁터에 나갈 때 으레 팡세를 배낭 속에 넣고 간 것처럼 팡세는 죽음의 전쟁터에서 조용히 읽고 깊이 음미하고 진지하게 생각해야 할 책이다.
　우리나라에도 20여 종에 가까운 팡세의 역본들이 있다. 하나의 책이 이만큼 많은 역본을 가지기도 흔치 않다. 그러나 팡세를 사랑해 온 한 사람으로서, 팡세를 늘 가까이해온 사람으로서 항상 마음에 걸리는 것이 있었다. 그것은 난해하기까지 한 팡세가 너무 어렵고 조잡하게 번역이 되었고, 그러한 이유로 많은 사람이 팡세에 가까이하지 못한다는 안타까운 현실이었다.

파스칼의 팡세만큼 많은 사람에게 알려진 책도 드물리라.

그러나 팡세만큼 읽지 않은 책 또한 없을 것이다. 이러한 이유는 팡세의 심오함에도 있지만 어려운 번역에 더 큰 원인이 있다는 생각이 들었다.

그리하여 편저자인 나는 오래전부터 팡세의 해설에 관심을 갖게 되었다. 좀 더 쉽고 친근하게 팡세가 많은 사람에게 읽혀질 수 없을까 하는 생각이 마치 숙제처럼 마음을 짓누르고 있었다.

파스칼의 팡세는 기본적으로 기독교적 책이요 신학적 저술이다. 그럼에도 대부분의 역서가 이점을 간과하는 큰 실수를 범하고 있다. 나는 이점을 중요시하고 모든 단어와 문장을 성경적, 신학적으로 새롭게 정돈하고 쉽게 번역하여 간단한 해설을 붙였다.

이 책은 팡세의 전역이 아니다. 일부분의 내용만을 선택한 것으로 파스칼이 전하려는 메시지의 진수를 맛보게 하고 이것을 계기로 팡세의 전역全譯을 읽고 싶게 하려는 의도가 깔려 있다.

파스칼의 팡세는 인류정신사에 큰 영향을 준 100권의 책으로 자주 선정되며 브리테니커에서는 "위대한 책들" 100권 중 36번째로 번역된 책이다.

예수 그리스도를 이미 알고 그분 안에서 기쁨과 소망으로 살아가는 사람들, 진리를 알고 싶으면서도 아직 도달하지 못한 사람들, 그리고 인간이 어떠하며 인생이 무엇이고 예수 그리스도가 누구인지 알고 싶은 사람들에게 꼭 이 책을 권하고 싶다.

  이 책을 진지하게 읽는 독자들에게는 틀림없이 큰 감동과 변화가 있을 것이라 믿는다.

  2010년 초판을 한 후 5쇄를 냈으며, 대장간에서 개정판을 출간하게 되었다. 강영안 서강대 철학과 교수님께서『강교수의 철학이야기』, IVP파스칼 부분을 수록하도록 기꺼이 허락하여 주신 것에 대하여 진심으로 감사드린다. 강 교수님의 글은 철학적으로 파스칼에 대해서 쓴 글로 독자들에게 좋은 도움이 될 것이다. 편역자가 쓴 '파스칼의 생애와 사상'은 파스칼의 연대기에 따라 사상의 전개 과정을 보여준다.

  또한 이 책은 사랑하는 아내의 도움이 아니었다면 결코 나올 수 없는 책이다. 배용하 사장님과 도서출판 대장간 직원들에게 깊은 고마움을 전한다.

남한산성 숲속에서
2011.5.20 박 철 수

일러두기

이 책은 파스칼 팡세의 전역(全譯)이 아니다. 어떤 조각글은 전부를, 어떤 조각글은 일부를 필요에 따라 선정하여 번역하고 해설을 붙인 것이다.

팡세는 1,000여 개의 길고 짧은 조각글로 된 미완성 작품이다. 파스칼은 미처 이 작품을 완성하지 못하고 죽었기 때문에 논리적으로 구성하지 못했다. 그래서 팡세는 파스칼의 사후부터 많은 학자의 연구에 따라 조각글의 배열이 각기 다른 여러가지 판본이 나오게 되었다.

그중 대표적인 것이 브롱슈빅(L.Brunschvicq,1904) 판, 라휴마(Louis Lafuma,1951) 판과 셀리에(Philippe Sellier,1995) 판이 있다. 브롱슈빅 판은 논리적 구성에 초점을 맞추었고, 라휴마 판은 가능한 대로 파스칼의 의도를 따라 편집하고자 했으며, 최근 파스칼이 직접 쓴 목차의 의도가 담긴 메모를 발견, 이에 따른 셀리에 판이 있다.

우리나라에 번역된 팡세는 대부분이 브롱슈빅 판이다. 독자들의 참고를 위해서 브롱슈빅 판과 라휴마 판의 조각글 번호를 표기하였다.

(예) *B 438 – L 247*

브롱슈빅 판 438 조각글은 라휴마 판 247 조각글이다.

편저자는 최근에 나온 셀리에 판과 라휴마 판을 권하고 싶다. 셀리에 판(김형길 역, 서울대출판사)은 팡세를 전문적으로 보려는 사람에게 권하며, 라휴마 판(이환 역, 민음사)은 팡세 자체를 읽으려는 사람에게 권하고 싶다.

독자들은 '파스칼의 생애와 사상'과 함께 해설을 참고하면서 읽으면 팡세를 이해하는 데 도움이 될 것이다.

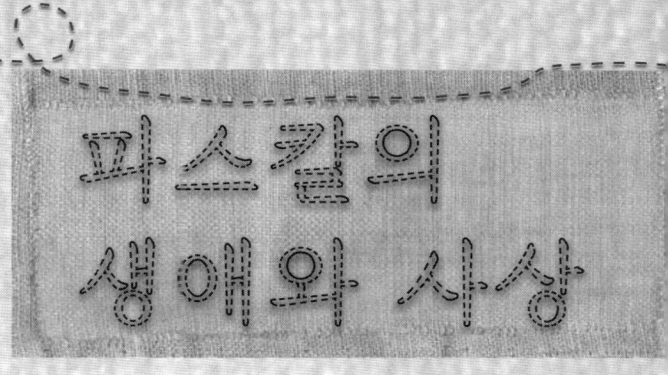

파스칼의 생애와 사상

박 철 수

- 천재 파스칼
- 신앙에 대한 관심
- 과학의 세계에서 사교의 세계로
- 결정적 회심
- 포올 르와이알 시대
- 그의 말년과 팡세

어떤 사람을 이해하기 위해서 그 사람의 사상만을 아는 것만으로도 충분한 사람이 있고, 그 사람이 실제로 어떻게 살았는가를 알아야 이해할 수 있는 사람이 있다.

대체로 철학자나 신학자라 하는 사람들은 그들이 말하고 형성한 사상만을 아는 것으로 충분하지만, 소크라테스나 루터나 프란체스코 같은 사람들은 그가 어떻게 살았는가를 알아야 그가 한 말의 의미를 알 수 있다.

왜냐하면, 그의 생애가 바로 그의 사상의 구체적 표현이요 그의 사상은 곧 그의 생애의 정수이기 때문이다. 파스칼의 사상을 알기 위해서는 그의 생애를 알아야 하는 전형적인 사람 중 하나다.

천재 파스칼

블레즈 파스칼Blaise Pascal은 1623년 6월 19일 프랑스의 중부 크레르몽에서 태어났다.

아버지 에티엔느 파스칼은 당시 세무법원 판사로 있었다. 그는 자연과학에 소양과 지식이 있는 수학자로서 일가견이 있었으며 물리학에도 관심을 가지고 있었다. 아버지 에티엔느는 그 당시 프랑스의 저명한 과학자들과 친분이 많았고 후에 국립 아카데미의 모체가 된 메르센느 아카데미 설립에도 참여했다.

파스칼의 어머니 앙트와네트 베공은 독실한 신앙인이었으나 1626년 파스칼이 세 살 되던 해 불행히도 세상을 떠났다. 파스칼에게는 세 살 위인 누님 질베르트와 두 살 아래인 여동생 자크린느가 있었다. 이들 두 자매는 모두 재색을 겸비한 여성이었으며 파스칼의 생애와 사상에 깊은 관련이 있다. 나중에 패리에의 부인이 된 누나 질베르트는 『파스칼의 생애』를 썼다.

파스칼의 아버지 에티엔느는 세 남매를 두고 일찍 죽은 아내의 죽음에 심히 상심했으며 그는 끝까지 재혼하지 않았다. 아버지는 아들의 교육에 온 정성을 다 기울였다. 아들 파스칼은 일찍부터 천재의 섬광이 나타났다.

누나 질베르트가 쓴 『파스칼의 생애』에는 이렇게 쓰여 있다.

"동생은 말을 할 줄 아는 나이가 되었을 때 꼭 적절한 대답을 하여 그 비범함을 보였고, 가끔 사물의 현상에 대하여 예리한 질문을 하여 주위 사람들을 놀라게 하였다. 동생은 자랄수록 추리력이 늘고 그 나이에 생각할 수 없는 탁월한 재능을 나타내 보였다."

파스칼은 날 때부터 허약한 체질이었다. 그러나 육체의 허약과는 달리 정신은 어려서부터 비상하였다. 아버지 에티엔느는 아들 파스칼을 몹시 사랑하였고 몸소 아들의 교육에 온 힘을 다했다. 그 덕분에 파스칼은 학교에는 한 번도 가보지 않은 사람이 되었다. 총명하고 애정이 깊은 아버지의 교육은 파스칼의 인간 형성에 결정적인 영향을 주었다.

아버지는 아들을 가르치면서 천재교육을 시키지는 않았다. 보통 여덟 살이 되면 라틴어를 가르치는 것이 그 당시의 관례였지만 열두 살이 되어서야 가르쳤다. 아버지는 주로 문답을 통해서 사물의 현상을 가르쳤다.

파스칼은 어려서부터 사물의 현상에 대한 이유에 대하여 깊은 관심을 가졌다. 왕성한 탐구심은 일찍부터 고개를 들었고 설명이 불충분할 때는 스스로 탐구하는가 하면 한번 열중하면 끝까지 파고드는 성향을 가지고 있었다.

열한 살 때의 일이었다. 어떤 사람이 우연히 식탁에서 질그릇을 숟가락으로 두드렸을 때 소리가 나고 그 질그릇에 손을 대자 소리가 멈추는 것을 보고 그 원인을 탐구하기 시작했고 여러 번의 실험 끝에 '음향에 대하여'라는 짧은 논문을 썼다. 이것이 파스칼의 최초의 논문이었고 많은 사람을 놀라게 하였다.

기하학에 대한 파스칼의 천재성은 열두 살 때부터 나타나기 시작했다. 아직은 기하학에 대하여 그 개념만을 가르쳐주었을 뿐인데 어느 날 아버지는 아들이 원과 직선을 그리면서 혼자 기하학의 문제들을 풀고 있는 것을 보았다. 파스칼은 그 명칭들을 모르기 때문에 자기 나름대로 이름을 붙이면서 혼자서 유클리트 기하학의 정리 중 '삼각형의 내각 합계는 180°다'라는 명제를 푸는 것을 보고 아버지는 감격하고 놀랐다. 파스칼의 나이 열두 살 때의 일이다.

이때부터 아버지 에티엔느는 본격적으로 수학을 가르치기 시작했다. 에티엔느는 앞에서 본 바와 같이 프랑스의 일류 수학자와 물리학자들이 모이는 아카데미의 회원이었다. 파스칼은 아버지를 따라 가끔 이 모임에도 참석했다. 이때 아버지의 친구로 당시 최대의 수학자인 페르마 그리고 데카르트, 데자르구를 알게 되었다. 후에 이들 천재 간에 수학과 물리학에 대하여 교류가 있었다.

1637년 발간된 데카르트의 『방법서설』도 이 아카데미에서 발표되고 토론된 것이었다. 이 아카데미에 속한 학자들의 공통된 학문적 태도는 그동안의 중세의 사변적 방법을 버리고 관찰과 실험을 중심으로 하는 귀납적 방법으로 이후 자연과학의 초석이 되었다.

파스칼의 최초 과학적 업적은 '원추곡선론'이다. 이 논문을 1639년 그가 열여섯 살 때 발표한 것이다. 이 논문을 통해서 파스칼은 당대의 일류 학자들과 어깨를 나란히 할 수 있었다. 이 논문은 이듬해 인쇄가 되어 발간되었고, 온 유럽은 아르키메데스 이래 최고의 업적이라고 경탄했으며 데카르트는 파스칼의 놀라운 업적에 대하여 의심할 정도였다.

파스칼은 어려서부터 수학과 물리학에 대한 교육도 받았지만, 신앙 교육도 받았다. 주일이면 꼭 교회에 나갔고 집에서 성경도 읽었다. 아버지는 아들에게 '모든 신앙의 대상이 이성의 대상이 될 수 없으며 신앙이 이성에 종속될 수 없는 것'이라고 가르쳤다.

어렸을 때의 이러한 신앙교육은 이후 파스칼 신앙의 지표가 되었다. 아버지 에티엔느는 세무관직 일로 바쁘기는 했지만, 아들의 교육에 크게 정성을 들였다. 반면에 이제 나이가 든 파스칼 아버지의 징세사무를 돕기도 했다. 그때 파스칼은 아버지가 하시는 일 가운데 귀찮고 까다로운 계산이 많은 것을 보고 이렇게 복잡한 과정을 거치지 않고도 간단히 하는 방법이 없을까 하는 생각이 들었다. 이러한 생각은 드디어 파스칼이 '계산기'를 만들어내는 동기가 되었다.

파스칼은 계산기를 만들려고 3년이나 몰두했다. 당시의 기계기술, 금속공학의 수준을 생각하며 그가 만든 계산기는 굉장한 업적이 아닐 수 없다. 파스칼은 직접 설계하고 손수 지휘하고 만들었다. 파스칼이 여기에 바친 정열과 집념이 얼마나 컸던지 이 계산기를 만드는 과정에서 그의 건강이 현저하게 악화되었을 정도였다. 그는 이때부터 죽을 때까지 하루도 고통이 없이 보낸 날이 없었다.

파스칼이 계산기를 발명하고 직접 제작한 때의 나이는 약관 스무 살이었다. 당시 계산기의 발명은 단지 학문적 업적만이 아니라 일대 사건이었다. 파스칼의 계산기 발명은 계산기의 선구가 되었다. 고도로 발달한 현대의 계산기에는 미치지 못했지만, 계산기의 모든 개념이 이 안에 들어 있었다. 파스칼은 50대의 계산기를 만들어 돈을 벌려고도 했지만, 값이 너무 비싸 성공하지 못했다.

신앙에 대한 관심

일생의 중요한 일이 작은 우연에서 시작되는 경우가 얼마나 많은가. 파스칼이 스물세 살이 되었을 때 우연한 일이 파스칼의 생애와 사상에 결정적인 영향을 주었다.

1646년 1월 어느 날 한 청년이 파스칼의 집에 헐떡이며 달려왔다. 젊은 청년 두 사람이 지금 결투하고 있으니 중재를 부탁한다는 것이었다. 이 말을 들은 아버지 에티엔느는 급히 그곳으로 달려갔다. 그런데 그곳으로 가는 중에 에티엔느가 그만 얼음판에 미끄러져 엉덩이뼈를 다치게 되었다. 이 낙상은 상당히 심한 것이어서 이것을 치료하기 위하여 접골사 데상 형제를 불렀다.

이 두 형제는 3개월 동안을 파스칼의 집에 머무르다시피 하면서 에티엔느의 치료에 정성을 기울였다. 그들은 열렬한 기독교 신앙을 가진 외과의사로서 이웃에 대한 사랑을 실천하고 있었다. 파스칼의 가족들은 이 두 젊은 의사들의 정성에 감동하였다. 데상 형제도 파스칼에 관심을 두게 되었고, 그들은 젊은 천재의 마음속에 신앙을 불어넣어 주고 싶었다.

그들은 장세니우스가 쓴 논문 '내적 인간의 개혁에 대하여'와 상시랑, 아르노가 쓴 책들을 파스칼에게 권했다. 파스칼도 이 글들을 읽고 깊은 감명을 받았다. 파스칼은 이때 처음으로 신앙의 세계에 눈을 뜨기 시작했다. 이 말은 파스칼이 전혀 기독교 신앙을 모르는 상태에서 신앙에 관심을 뒀다는 말은 아니다.

당시의 세계는 모든 사람이 형식적으로나마 기독교인이었기 때문에 교회에 다녔고 헌금도 냈고 성경도 보았다. 그러나 진정한 의미에서 신앙인은 많지 않았다고 보아야 한다. 파스칼이 신앙에 관심을 두게 되었다는 것은 이러한 배경에서 보아야 한다.

이 두 형제는 파스칼과 많은 대화를 통하여 복음에 대하여 말하고 회심하도록 권유하였다. 파스칼의 마음은 크게 움직였고, 그리고 그는 드디어 회심했다.

아버지의 우연한 낙상이 계기가 되어 파스칼은 신앙의 세계에 발을 내디디게 되었다. 이것이 파스칼의 소위 첫번째 회심이다. 이때 파스칼은 여동생 자크린느와 아버지, 그리고 누나 질베르트 내외까지 회심하게 만들었다. 이렇게 하여 파스칼 일가는 모두 회심하게 되었다.

그러나 이때의 파스칼의 회심은 그의 내면과 생활에는 큰 변화를 가지고 오지는 못했다. 그는 여전히 과학연구와 계산기 제작에 열중했다. 그는 아직 하나님께 모든 것을 바치지 않았다. 그는 최초의 회심을 통하여 하나님을 안 것이지 하나님을 사랑한 것은 아니었다. 그가 팡세에서 "하나님을 아는 것과 하나님을 사랑하는 데까지는 얼마나 큰 거리가 있는가"라고 한 것은 자신의 이러한 체험을 반영하고 있는 것이다.

이제 우리는 파스칼을 이해하기 위해서 파스칼이 살았던 사회 정치 사상적 배경을 알 필요가 있다. 파스칼이 살았던 1600년을 전후한 프랑스 국내외의 사정은 역사적으로 매우 어두운 시대였다.

국외에서는 독일을 중심으로 인류 역사상 가장 참혹한 전쟁으로 기록되는 30년 종교전쟁[1618~1648]이 있었고, 국내에서도 가톨릭과 개신교로 나뉘어 주도권을 가지려고 쉴새없는 유혈, 약탈, 빈곤을 가져오는 내란과 폭동, 왕위계승에 따른 잦은 혼란, 왕권 수립을 위한 재정의 어려움 등으로 몹시 어지러운 상태였다. 팡세의 조각글 "힘이 없는 정의는 구력하고 정의 없는 힘은 폭력이다" 또는 "최대의 재앙은 내란이다"라는 말은 이때의 사회 정치적 배경에서 나온 말이다.

많은 사람은 몇십 년간 계속된 지루한 혼란과 전쟁 속에서 핍박, 투쟁, 화형, 추방, 미신, 대량학살을 보면서 사무치도록 종교의 비관용성과 비합리성을 체험하였다. 이러한 종교전쟁과 사회적 혼란은 인간의 이성을 일깨우는 계기가 되었다.

"하나님은 없다, 하나님은 없는 것이나 다름없다"는 회의주의와 이신론理神論이 탄생한 것은 너무나도 당연한 것이었다.

이 시대에 하나님을 믿는다는 것은 시대착오적이었고 단지 형식적인 종교행위일 뿐이었다. 신비와 계시는 당연히 부정되었으며 모든 신앙인들은 이신론자들이었다.

이때 프랑스에는 회의주의를 대표하는 몽테뉴Michel Montaigne, 1533~1592가 있었다. 그는 종교적 정황으로 보아 공개적인 무신론자는 아니었지만, 당시에는 금서였던 그의 유명한 『수상록』을 통해 기독교 신앙에 대한 회의와 공격을 하였고, 그의 이러한 사상은 양심적인 인간의 표상이 되었으며, 당대와 당대 이후의 많은 지식인에게 무시할 수 없는 사상적 영향을 미쳤다.

몽테뉴는 파스칼보다 한 세대 먼저 산 사람으로 파스칼도 그의 『수상록』을 탐독하였고 그의 예리한 인간 관찰과 종교적 묵상을 많이 배웠다고 말하고 있다. 팡세에는 『수상록』에서의 인용이 눈에 띈다.

그러나 파스칼은 몽테뉴의 사상이 기독교적인 면에서 해로운 것임을 분명히 밝혔다. 파스칼은 몽테뉴가 회의주의 사상가로서 대적해야 할 위험한 사람이라고 판단하고 몽테뉴를 사정없이 비판했다.

당시에 또 한 사람의 거대한 사상가는 데카르트Rene Descartes, 1596~1650였다. 데카르트는 당대 최고의 학자였다. 그는 합리주의와 근대 과학의 아버지다. 파스칼과 데카르트는 28년의 나이 차이가 있었지만 서로 교제가 있는 사이였다.

데카르트는 파스칼의 병문안을 위하여 두 번 정도 친히 방문하기도 했고 건강에 대한 조언을 해주기도 했다. 데카르트는 파스칼과 같이 철학자이면서 과학자였다. 그러나 그들은 전혀 다른 생각을 하고 살았다. 데카르트는 철저한 합리주의자였다.

많은 철학서에서 데카르트를 합리주의의 아버지로 평가하면서, 반면 파스칼을 데카르트 사상의 아류 정도로 취급하는 것은 너무도 큰 잘못이다. 오히려 프랑스의 대표적 현대 철학자인 베르그송이 "데카르트와 파스칼은 두 사상 형식과 두 사고 방법의 각각 위대한 대표자다"라고 말한 것을 옳은 지적이다.

"나는 생각한다. 고로 존재한다"라는 말에서 알 수 있듯이 데카르트는 인간 자신과 인간 이성의 위대성에 대하여 말한다. "나는 손도 발도 머리도 없는 사람을 생각할 수 있다. 그러나 나는 생각하지 않는 인간을 생각할 수 없다. 분명히 인간은 생각하도록 만들어졌다. 이것이 인간의 가장 위대한 존엄이요 모든 가치다."

그러나 파스칼은 여기에서 끝나지 않는다. "이성의 최후의 한 걸음은 이성을 초월하는 무한한 사물이 있음을 인정하는 일이다. 이를 인정하는 데까지 이르지 않는 한 이성은 약한 것일 뿐이다."

파스칼은 팡세에서 데카르트에 대하여 단호하고 분명하게 반대의 견해를 말하고 있다. "무용하고 불확실한 데카르트, 나는 데카르트를 용서할 수 없다."

파스칼은 데카르트의 아류가 아니다. 파스칼이 기독교 변증이라고 할 팡세를 쓴 이유는 몽테뉴와 같은 회의주의자들과 데카르트와 같은 합리주의자들에 대항하고 대답하기 위한 것임을 알아야 한다.

과학 세계에서 사교 세계로

1646년 파스칼이 스물세 살이 되었을 때 중요한 사건이 있었다. 하나는 앞에서 말한 회심이고 또 하나는 '진공의 실험'이다. 파스칼이 살았던 때는 과학이 새로운 시대에 들어선 때였다. 사변 과학에서 관찰과 실험이 중요시되는 실험 과학으로 바뀌던 시대였다. 이때는 과학사에서 중요한 전환의 시대였다. 파스칼은 실험 과학자로서의 모습을 유감없이 보여주었다. 그것이 바로 '진공의 실험'이다.

파스칼은 이 '진공의 실험'을 위하여 유리관을 만드는 데서부터 시작하여 복잡한 실험의 과정에 직접 관여했다. 그 시대에는 과학적 기구가 갖추어져 있지 않았기 때문에 어떤 실험을 한다는 것은 그 실험을 위하여 실험도구를 만드는 기술까지 요구되었다.

1651년 파스칼이 스물여덟 살 때 자신을 그토록 사랑하고 키웠던 아버지 에티엔느가 예순여섯 살의 나이로 죽었다. 파스칼이 얼마나 큰 슬픔에 빠졌는지는 짐작이 간다. 그는 이제 어머니도 아버지도 없는 사람이 되었다. 그는 존경하는 아버지의 죽음 앞에서 그래도 신앙을 통하여 위로를 받았다. 파스칼은 아버지의 죽음을 계기로 죽음에 대한 묵상을 깊게 하였고 이때 쓴 죽음에 대하여 묵상한 감동적인 글이 지금도 남아 있다.

아버지가 돌아가신 다음 해 설상가상으로 동생 자크린느는 수도원에 들어가기로 한다. 자크린느는 파스칼의 인도로 신앙을 가진 동생이다. 그러나 파스칼은 동생이 수도원에 들어가는 것을 반대했다. 동생이 수도원에 들어가게 되면 재정적 어려움을 감수해야 하는 문제도 있었지만 혼자 사는 파스칼에게는 견디기 어려운 고독 때문이었다.

그러나 1653년 파스칼의 나이 서른 살 때 기어코 동생 자크린느는 "오빠께서 동의하시지 않는다면 저의 생애에서 가장 위대하고 영광에 찬, 이 즐거운 일에 더할 수 없는 슬픔이 가중될 뿐입니다."라는 내용의 긴 편지를 남기고 수도원으로 들어가 버렸다.

그렇지 않아도 심신이 약했던 파스칼은 큰 충격을 받았고 또다시 건강이 악화되었다. 심한 두통에다 변비, 조금이라도 뜨거운 것은 거의 먹거나 마실 수 없을 지경이 되었다. 의사는 건강회복을 위하여 파스칼에게 될수록 머리를 쓰지 말고 한가한 시간과 사교생활에 관심을 두라고 간곡하게 말했다.

파스칼은 이때를 계기로 사교생활과 같은 부담이 없는 생활을 하기 시작했다. 파스칼의 사교계 생활은 약 2년 동안 계속되었다.

1652년 새로 만난 친구인 로아네스 공작과 여름에서 겨울까지 유람여행을 다니기도 했다. 젊은 귀족인 그는 천재적 과학자인 파스칼을 교회에서 만난 후 파스칼과 교제하기를 원했다. 파스칼은 공작의 집에 가끔 놀러 가기도 했다.

파스칼이 본 그들의 세계는 학문 속에서만 살았던 그에게 전혀 새로운 것이었다. 화려함, 부유한 생활, 세련된 취미, 즐거운 대화, 유쾌한 교제 등 파스칼은 이 새로운 세계에 적지 않은 흥미를 느꼈다.

또 로아네스 공작과 만나는 중에 당시 파리 사교계의 대표적인 사람이라 할 메레와 미통과도 만났고 그들과도 이야기를 나누었다.

파스칼은 수학과 물리학의 세계에서는 볼 수 없었던 전혀 새로운 세계에서 새로운 생각을 하게 되었다. 파스칼은 사교계의 생활을 통하여 인간의 세계에 눈을 뜨기 시작했다. 그는 인간에 관한 연구에 흥미를 갖기 시작했다. 그는 학문의 세계에서는 당당한 천재였으나 이 새로운 세계에는 문외한이었다. 그는 이때 인간이야말로 정말 연구해야 할 주제임을 알게 되었다.

파스칼은 그동안 추상적 학문에 몰입해 있었다. 그러나 갑자기 인간에 대한 연구가 매우 중요하고, 추상적 학문은 별로 중요하지 않다는 사실을 알게 되었다. 팡세에 나타난 한 대목의 말이다. "나는 오랫동안 추상적 학문 연구에 종사했다. 그리고 이 연구 중에 사귈 수 있는 친구가 적은 데 실망했다. 나는 인간의 연구를 시작했을 때 추상적 학문이 인간에게 적합하지 않다는 것을 알게 되었다 … 행복하려면 자기 자신을 아는 것이 더 낫지 아니한가."

파스칼에게 사교계 생활은 단지 휴식만의 시간이 아니라 인간 연구의 좋은 기회였다. 인간이 무엇인지 아는 중요한 계기가 되었다. 팡세에는 이때 만났던 사람들에 대하여 언급되고 있다. 파스칼은 세련된 사교인들과 연극, 도박, 사냥, 대화를 즐겼다. 그는 머리를 쉬게 하기 위해서라도 이러한 심심풀이divertisment-오락, 시간죽이기를 즐겼다.

파스칼은 어느새 한 사람의 세련된 사교인이 되었다. 살롱salon에 출입하여 재치있고 우아한 화술로 담화를 즐겼다. 파스칼은 사교 생활에서 건강이 많이 좋아졌다.

루이 13세로부터 시작된 살롱은 원래 '응접실'이란 뜻으로 주로 귀족이나 부유층 여성을 중심으로 열리는 집회를 말한다. 살롱은 프랑스 문학사에 중요한 역할을 했다. 저명한 문인이나 사상가를 초청하여 향연을 베풀며 부담없이 즐기고 의견을 교환하면서 서로 지적 취미와 만족을 구하는 모임이다. 대체로 재색을 겸비한 귀부인들이 살롱의 중심이 되었다. 이곳에는 우아한 태도와 섬세한 감정, 멋있는 말이 있었다. 살롱은 교양의 산실이었다.

파스칼은 바로 이 살롱에 드나들었고 여기에서 많은 것을 느끼고 체험했다.

파스칼의 당시 모습이 수도원에 있는 동생 자크린느의 눈에 다소간 타락한 것처럼 보일 정도였다. 그러나 파스칼이 이 시기에 즐긴 세속적 생활은 단순히 유흥이라고 할 수 없고 더욱이 방탕한 생활은 아니었다. 오히려 파스칼의 사교생활 시대는 그의 성장에 중요한 의미를 가지고 있다.

무엇보다 인간을 새롭게 아는 계기가 되었다. 나중에 파스칼이 그의 생각을 신앙에 집중시키게 되었을 때 사교생활의 경험은 오히려 팡세의 사상적 샘물이 되기도 했다. 아마도 파스칼의 생애에 비록 짧은 기간이었지만 이 사교생활이 없었더라면 그의 불후의 저서 팡세가 태어나지 못하였을 것이라는 생각이 든다.

자기가 가진 체험을 창조적으르 소화하여 깊은 사상의 재료로 삼는데 파스칼이 사상가로서의 위대한 점이 있다. 사상가란 경험을 재해석하고 재구성하는 사람이다. 누구나 인생을 살고 동일한 체험을 하면서 살아간다. 다만 위대한 사람만이 그 경험에서 깊은 의미를 발견하고 경험을 재구성한다. 그런 의미에서 2년 여에 걸친 사교생활의 경험은 파스칼의 사상 건축에 귀중한 시간이었다.

그러나 계속된 사교생활에 파스칼은 만족할 수 없었다. 그는 공허감에 부딪혔다. 심한 혐오와 실망을 느꼈다. 육체의 건강을 회복하기 위해 사교계에 발을 디뎠으나 이제 새롭게 인생에 대한 비참이 그를 사로잡기 시작했다. 한때 자기를 위로했던 것들이 갑자기 어리석고 유치하게 보이기 시작했다.

수녀가 된 자크린느가 언니인 질베르트에게 보낸 1654년 12월 8일 자 편지는 사교계에 혐오를 느끼는 파스칼의 마음을 잘 보여주고 있다. "아마 1년쯤 전일까요, 오빠는 사교계를 대단히 경멸하고 사교계의 삶들을 견딜 수 없이 혐오하고 있었어요."

파스칼은 이러한 공허한 마음을 메우기 위해서 다시 과학 연구에 몰두하기 시작했다. 학문 연구로 그는 불안과 고독과 허무를 잊으려 했다. 이때 이루어진 과학적 업적 중에 '유체평형론'과 '대기의 무게에 대하여' 그리고 '수삼각형론'이 있다.

또 사교생활에서 돈 내기 도박의 확률론을 연구하게 되고 페르마와 함께 확률론의 창시자가 된다. 파스칼은 사교계 생활 중에서도 다른 사람들의 우연한 질문 가운데서 놀라운 결과를 끌어내는 천재였다. 확률론 발견은 바로 이러한 예 중의 하나다.

파스칼은 수학과 물리학의 연구로 잠시 마음의 공허를 잊어버릴 수 있었다. 그러나 그의 존재의 근원으로부터 우러나오는 영혼의 불만과 정신의 고뇌는 학문의 연구로는 결코 채워질 수 없었다.

결정적 회심

누구에게나 결단의 시기가 있다. 결단의 시기가 있어야 한다. 결단은 커다란 부정과 커다란 긍정으로 이루어진다. 결단이란 낡은 옷을 벗어버리고 새로운 옷으로 갈아입는 것이다. 지금까지의 인생관과 세계관을 벗어버리고 새로운 인생관과 세계관을 갖게 되는 것이다. 낡은 내가 죽고 새로운 내가 태어난다. 그것은 자아의 혁명이요 인격의 혁명이다.

파스칼 생애의 최고봉은 1654년 그의 나이 서른한 살에 이루어진 소위 결정적 회심이다. 이때를 경계선으로 그 이전의 파스칼과 그 이후의 파스칼은 완전히 딴판이다. 결정적 회심 이후 그는 달라졌고, 그는 커졌고, 그는 깊어졌고, 그는 높아졌다.

그것은 하나의 극적인 사건이었다. 큰 깨달음이기보다는 차라리 하늘로부터 오는 음성을 듣고 그 음성에 놀라 자빠지고 감격하면서 하늘의 불의 용광로에서 새로 태어난 것이다. 영국의 20세기 최대의 설교자라고 일컬어지는 로이드 존스 목사는 그의 저서 『성령세례』에서 파스칼의 체험은 역사적으로 흔치 않은 하나님의 능력 세례라고 말한다.

물론 파스칼의 회심은 저절로 이루어진 것이 아니다. 새 생명이 해산의 고통을 통해 태어나듯 그것을 위한 영혼의 어두운 밤의 고뇌가 있었고 신음하면서 추구하는 정신의 악전고투가 있었다.

파스칼이 제2의 회심이 있기 얼마전 수도원에 있는 동생 자크린느를 방문하여 이렇게 실토한 적이 있다. "나는 이렇게 사람들이 말하는 훌륭한 일을 하고 있다. 그러나 나는 세속의 흥겨운 심심풀이가 견딜 수 없이 싫증이 났고 나의 양심은 밤낮으로 가책을 받고 있다. 나는 하나님께 완전히 버림받은 상태다. 하나님께 끌리는 마음조차도 없다."

그 후 파스칼은 동생을 자주 만났다. 그는 동생으로부터 다소간의 위로와 소망을 얻었다. 이때 자크린느는 오빠의 마음속에 큰 변화가 일어나고 있음을 보았다. 그는 온순해지고 겸손해졌다. 자기 자신을 태산같이 믿고 의지하는 마음이 없어졌다. 사람들의 존경이나 칭찬으로 우쭐하는 태도가 사라졌다. 옛날의 오빠가 아니었다.

결정적 회심 전에 파스칼이 기록한 자신의 모습을 그린 한토막의 글이 있다. "영혼은 하나님 앞에 겸손해지고 깊은 존경의 마음을 품는다. 벌레와 같은 나에게 주시는 하나님의 은혜를 감사한다. 많은 허영을 택한 것을 깊이 뉘우친다. 참회와 가책의 마음을 가지고 하나님께 용서를 구한다. 나는 하나님께 사랑을 받고자 뜨거운 기도를 드린다."

그는 한없이 겸손한 마음으로 신앙을 구했다. 하나님의 손길이 그의 마음을 위로해주시기를 기다렸다. 파스칼처럼 진지하게 하나님을 구한 자가 또 있었을까. 신음하면서 구한 이 겸손한 구도자의 영혼을 하나님께서는 드디어 받아들이셨다.

1654년 11월 23일 저녁 10시 30분부터 다음날 새벽 0시 30분까지 그는 놀라운 불의 체험을 했다. 이때 파스칼의 나이는 서른한 살이었다. 파스칼이 이때 경험한 구체적 상황을 우리는 알 수 없으나 매우 신비한 시간이었음은 충분히 짐작할 수 있다.

파스칼은 이 감격의 순간을 놓칠세라 종이에 적고 양피지에 정서하여 평소에 자주 입고 있던 옷의 안쪽에 바늘로 꿰매어 깊이 간직해놓았다. 그리고 죽을 때까지 아무에게도 공개하지 않았다.

파스칼이 죽은 뒤 비로소 이 메모가 발견되었다. 이 메모는 지금도 프랑스 국립도서관에 보관되어 있다. 약 600여 자 정도가 되는 짧은 신앙고백은 뜨거운 확신과 기쁨에 찬 감동이 서려 있다.

"아브라함의 하나님, 이삭의 하나님, 야곱의 하나님

철학자와 학자의 하나님이 아닙니다.
확신, 확신, 감격, 기쁨, 평화.
예수 그리스도의 하나님.
예수 그리스도의 하나님.
나의 하나님 그리고 너희 하나님.
너의 하나님은 나의 하나님이 되리라.
하나님 이외의 이 세상과 온갖 것에 대한 일체의 망각.
하나님은 오직 복음서에서 가르치신 길에 의해서 알 수 있을 뿐입니다.
인간 혼의 위대함이여.
의로우신 아버지, 세상이 아버지를 알지 못하여도
나는 아버지를 알았습니다.
기쁨, 기쁨, 기쁨, 기쁨의 눈물
나는 당신에게서 떠나 있었습니다.
생수의 근원이신 하나님을 버렸습니다.
나의 하나님, 어찌하여 나를 버리셨나이까.
이제 나는 영원히 당신을 떠나지 않겠습니다.
영생은 곧 유일하신 참하나님과 당신이 보내신 자
예수 그리스도를 아는 것입니다.
예수 그리스도.
예수 그리스도.
나는 당신을 저버리고, 피하고, 부인하고,
십자가에 못박았습니다.
이제 나는 절대로 당신에게서 떠나지 않겠습니다!

당신은 오직 복음서를 통해서만 알 수 있습니다.
일체의 모든 것을 기쁘게 포기합니다.
예수 그리스도와 나의 지도자에게 전적인 순종.
이 땅에서의 잠깐의 노력을 통해 얻는 영원한 기쁨.
나는 당신의 말씀을 결코 잊지 않겠습니다. 아멘."

두 시간의 짧은 시간을 통하여 파스칼의 온 삶은 새롭게 변화되었고 새로운 영적 능력과 소명을 가진 사람으로 전혀 다르게 태어났다.

이 신앙고백을 적은 메모를 혼자서만 알고 간직했다는 것은 파스칼의 신앙이 얼마나 진지했고 그의 태도가 얼마나 성실했는가를 보여준다. 정말 귀중한 것은 남에게 함부로 보일 수 없다. 지극히 소중한 것은 내 마음의 가장 깊고 깨끗한 밀실에 혼자 간직해야 한다. 하나님만 알고 계시면 되는 것이다. 남에게 알리고 싶은 것은 아직도 자만심과 허영심이 남아 있기 때문이다. 자기의 명성과 지위와 소유의 일체를 조용히 흔연히 기쁜 마음으로 포기한다는 것이 얼마나 어려운일인가. 파스칼은 하나님을 위하여 자신의 모든 것을 포기했다.

스물다섯 줄에 불과한 짧은 신앙고백의 특징은 성경 인용이 여덟 구절이나 된다는 사실이다. 팡세에 특징 중 하나는 성경 인용이 많다는 것이다. 어느 조각글은 거의 오십 구절 이상의 성경을 인용했다. 팡세에 인용된 성경 구절은 대략 천여 개가 훨씬 넘는다.

누나인 질베르트가 쓴 『파스칼의 생애』에 의하면 "동생은 성경을 전부 암송할 정도로 열심히 공부했고 동생 앞에서는 섣불리 틀린 구절을 인용할 수가 없었다. 누가 성경의 한 구절을 말하면 동생은 그 구절이 성경에 있는지 없는지를 말할 뿐만 아니라 그 구절이 있는 곳을 정확하게 밝혔다"고 한다.

파스칼은 성경 연구에도 많은 시간을 보냈다. 팡세를 읽는 사람이라면 파스칼의 성경 인용이 적절하고 광범위한 데 놀라지 않을 수 없다. 성경을 알지 못하고 파스칼의 팡세를 이해할 수 없는 부분이 많이 있음을 알아야 한다.

파스칼은 이렇게 새롭게 태어났다.

포올 르와이알 시대

우리는 파스칼의 생애와 사상을 알려면 이 생소한 말을 알아야 한다.

결정적 회심 이후 파스칼은 사교생활을 완전히 청산했다. 사교시대에 만난 친구 로아네스 공작에게 앞으로 만나지 않겠다고 말했다. 로아네스는 처음 이 말을 듣고 너무나 크고 급격한 변화에 놀랐다. 그러나 자세한 이야기를 들은 뒤 깊이 감동되었다. 그는 급기야 지방관리 임명을 포기하고 파스칼을 따르게 되었다.

파스칼은 장래에 대하여 동생 자크린느와 의논하였다. 그녀는 오빠에 대한 지도를 포올 르와이알 수도원의 상시랑에게 맡겼다. 파스칼은 수도원으로 거처를 옮겼다.

파스칼이 정식 수도사로 들어간 것은 아니었지만 포올 르와이알 수도원 사람들은 놀라운 과학적 업적과 천재로 국내외에 이름이 높은 파스칼을 특별한 존경과 감격으로 맞이했다. 학문의 왕국인 이 거인이, 평소에 자랑과 교만이 많았던 세기적 천재가 겸손한 신앙인이 된다는 것은 놀라운 일이다.

파스칼은 사교계를 미련없이 떠났다. 결정적 회심 이후 파스칼의 생활은 한마디로 금욕적 수도생활이었다. 파스칼은 모든 쾌락을 포기하고 모든 사치를 버렸다. 마차를 팔고, 금은으로 만들어진 장식들도 처분했다. 식사를 할 때에도 나무 숟가락과 질그릇을 썼다. 식사도 손수 나르고 손수 치웠다. 성경과 어거스틴의 책을 제외하고는 가지고 있던 모든 책을 다른 사람에게 주어버렸다. 모든 시간 대부분을 기도와 성경공부로 보냈다.

파스칼은 정식 수도사가 아니었기 때문에 자유롭게 왔다갔다 하기는 했지만 거의 수도사와 다름없는 극기와 절제의 삶을 살았다. 아침이면 다섯 시에 일어나고 때로는 금식도 하고 철야기도에도 참석했다.

파스칼은 포올 르와이알 수도원에서 지낸 지 1년이 못되어 '포올 르와이알 논쟁'에 휩쓸리게 되었다. 이 논쟁은 제수이트Jesuit와 장세니스트Jansenist사이에 벌어진 신학적 논쟁으로 프랑스 가톨릭 교회사에 큰 사건이며 파스칼의 생애에서도 중대한 사건 중 하나다.

16세기에 일어난 루터와 칼빈의 종교개혁에 자극이 되어 가톨릭 교회 내에서도 개혁운동이 일어났다. 이 개혁운동은 스페인 사람 로욜라Ignatius Loyola, 1491~1556에 의해 시작된 예수회Jusuit order에 의해 주도되었다.

이 운동은 프랑스의 파리 대학에서부터 시작되었다. 예수회는 복종과 청빈과 독신을 맹세한 사람들을 중심으로 특히 교육과 해외선교에 헌신함으로 가톨릭의 개혁과 부흥에 크게 기여하였다.

그러나 예수회는 17세기에 들어서자 정치권력과 관련되면서 많은 문제를 일으키기도 했다. 예수회는 학예와 교육에 치중하고 가톨릭의 대중화에 힘썼다. 예수회는 당시 가톨릭의 주류세력으로서 두 가지 교리를 크게 강조하였다.

그중 하나는 은총과 자유의지에 관한 문제요 다른 하나는 윤리적인 문제인 결의론決疑論, Casuistry이었다. 이에 대해 당시 가톨릭 내에서 소수지만 개혁세력인 장세니스트는 예수회의 입장에 대하여 반대편에 서 있었다.

먼저 예수회와 장세니스트와의 신학적 차이는 은총과 자유의지 문제에서 극적으로 대립하였다. 이 주제는 기독교 교리사에서 매우 중요한 신학적 위치를 차지하고 있다. 은총과 자유의지의 문제는 어거스틴으로 대표되는 견해와 펠라기우스로 대표되는 견해가 있다.

어거스틴의 견해의 요점은 첫째, 아담의 죄로 말미암아 모든 사람은 날 때부터 타락하여 무지와 욕망에 빠졌으며 이에 따라 비참과 죽음의 운명을 지닌다. 둘째, 하나님의 은총 없이는 인간은 스스로 구원 얻을 수 없다. 셋째, 인간은 스스로 죄를 피할 수 없다. 인간의 의지는 병든 의지이기 때문이다.

이에 반하여 영국의 신학자 펠라기우스는 어거스틴의 원죄설을 부인하고 인간의 자유의지를 주장했다. 하나님의 은총은 필요하지만, 구원을 위해서 반드시 필요하지 않다. 은총은 공로에 따라 주어진다. 결국, 펠라기우스의 주장은 418년 종교회의에서 이단 선고를 받았다. 그런데 17세기 가톨릭은 인간의 자유의지를 강조하는 펠라기우스의 입장에 기울어져 있었고 이에 대하여 하나님의 은총과 예정을 강조하는 장세니스트들과 정면으로 대립하게 되었다.

다음으로, 예수회와 장세니스트의 차이는 윤리적인 문제다. 예수회는 결의론의 입장에 서 있다. 결의론이란 어떤 행위에 대하여 교회가 세부적인 항목을 정하여 죄의 유무와 경중을 결정하는 것을 말한다. 일종의 상황윤리요 율법주의다.

결국, 이러한 결의론은 많은 사람에게 신앙을 개방하여 도덕을 최저선까지 내리게 하고 교권주의와 편의주의의 위험을 안게 되었다. 이 점에 있어서 장세니스트는 가톨릭 주류인 예수회의 입장에 대하여 반대편에 서 있었다. 장세니스트는 당시 왜곡된 가톨릭 교회를 개탄하며 어거스틴 정신으로 돌아갈 것을 주장했다.

장세니스트를 대표하는 장세니우스Cornelius Jansenius, 1585~1638는 화란의 신학자로 루뱅 대학의 교수였다. 그는 어거스틴을 연구하였고 『어거스틴』이라는 책을 썼다.

당시 가톨릭의 주류를 이루었던 예수회는 장세니스트를 향해 진리를 위해 인간을 희생하는 것이요 너무 비인간적이라고 비난했다. 반면 장세니스트들은 예수회를 향하여 인간의 편리를 위하여 진리를 희생시키고 진리를 더럽힌다고 공격했다. 이러한 장세니스트의 신학적 입장이 어거스틴의 영향을 받아 종교개혁을 일으킨 루터와 칼뱅의 신학적 입장과 비슷한 것은 재미있는 사실이다.

그런데 이 장세니스트의 본거지가 바로 포올 르와이알 수도원이었다. 당시 장세니스트는 가톨릭이 소수집단에 불과했고 예수회는 가톨릭이 주류세력이었다. 당시 포올 르와이알 수도원은 장세니우스의 친구인 상시랑의 지도로 가톨릭 개혁운동의 본거지가 된 것이다. 파스칼은 바로 이 장세니즘의 신학적 영향 아래 있었던 것이다.

파스칼이 결정적 회심이 있을 무렵 예수회와 장세니스트의 대립은 격화일로에 있었다. 예수회는 파리 대학 신학부장을 통하여 장세니우스의 교리를 유죄라고 주장하였고 1653년 드디어 로마 교황도 유죄 선고를 내렸다. 이에 항의하는 사람들을 이단으로 몰았다. 사태는 더욱 심각해지기 시작했다.

이단 선고를 받은 포올 르와이알에 소속된 인사들은 대책을 강구했다. 이 사건의 진상을 공개하여 여론에 호소하고 여러 사람들의 공감을 얻어내기로 했다. 마침 결정적 회심 이후 포올 르와이알 수도원에 와 있던 파스칼이 이 일을 위해 선정되었다.

파스칼은 여러 번 자기가 이 일을 해낼 수 있을지 의문을 가졌지만, 마침내 이를 수락하고 어려운 신학적 문제들을 쉬운 말로 장세니스트의 견해를 밝히고 예수회의 비성경적 문제점을 폭로하는 글을 썼다. 이 편지 형태로 된 '한 시골사람에게 보내는 편지'라는 뜻의 열여덟 편의 서간문을 『프로방시알』이라고 부른다.

파스칼의 글은 루이 드 몽타르트라는 가명으로 1656년 1월 23일부터 1657년 3월 24일까지 1년 2개월간 계속되었다. 신학자들 간의 어려운 논쟁이 파스칼의 쉽고 재미있는 문필에 의해서 사람들에게 공개되었고 대단한 화저와 인기와 함께 급기야 장세니스트에 대한 지지를 얻어내기까지 되었다. 한편, 예수회는 교황을 통하여 『프로방시알』의 발매금지와 함께 금서 선고를 내리도록 하였다.

비록 익명이었지만 파스칼에게 퍼부어진 예수회의 비난은 격렬한 것이었다. '배교자, 광대, 무지, 기만자, 비방자, 교활, 이단, 변장한 칼비니스트, 악마에 사로잡힌 자' 등 인간에게 퍼부을 수 있는 최악의 욕설이었다.

파스칼에게 있어서 이 논쟁이 중요한 것은 이를 통하여 그의 팡세의 사상적 틀이 형성되었다는 점이다. 파스칼은 1년 이상 계속된 이 논쟁으로 갑자기 조용한 신앙의 수도자에서 복음을 위한 용감한 투사가 되었다. 과학적 탐구자에서 사상적 문필가가 되었다. 파스칼은 『프로방시알』을 쓰려고 많은 신학서적을 두루 읽게 되었고 많은 공부를 하게 되었다. 여기에서 파스칼이 신학자로서의 면모를 갖게 된 것을 보게 된다.

또한, 파스칼의 『프로방시알』은 프랑스 고전적 산문의 효시가 되었다. 과거의 형식적이고 현학적 문체 대신에 간결하고 명쾌하며 자연스러운 문체를 창출해냈다. 『프로방시알』은 현대 프랑스어의 문체를 형성하는 데 큰 영향을 주었다.

설명이 다소 길어졌지만, 이상의 내용은 파스칼의 생애와 팡세를 이해하려면 반드시 알아야 할 것들이다.

그의 말년과 팡세

1656년 3월 24일 파스칼이 다섯 번째 편지를 준비하고 있을 무렵 포올 르와이알 수도원에 뜻하지 않은 기적이 일어났다.

누나 질베르트의 딸인 조카 마르그리트는 당시 열 살이었는데 3년 반 전부터 당시의 의술로서는 치유할 수 없는 고질적인 병을 앓고 있었다. 눈과 코와 입에서 고름이 나오는 병으로 이미 파리의 유명하다는 의사들로부터 불치의 병으로 판정되었다. 그런데 우연히 포올 르와이알 수도원에 왔다가 수도원에 있던 성물에 눈을 대는 순간 즉시 병이 낫는 기적이 일어난 것이다.

이 기적적 치료는 여러 의사에 의해 확인되었고 교회도 이것을 사실이라고 공식 인정했다. 이 기적이 교회에서 인정되면서 포올 르와이알 수도원과 파스칼은 큰 위로를 얻게 되었다.

누가 뭐라든 파스칼의 조카에게 일어난 기적을 처음부터 끝까지 직접 목격하고 확인했다. 이 기적이 파스칼에게 준 충격은 너무도 큰 것이었다. 누나 질베르트가 그때 당시의 파스칼의 모습을 다음과 같이 보여주고 있다.

"동생은 이 기적에 크게 감동되어 그것이 마치 자기 자신에게 일어난 일같이 생각했다. 세상의 대다수 사람의 마음속에 신앙이 꺼져가는 듯이 보이는 시대에 하나님께서 이렇게도 분명하게 자기를 나타내심을 보고 동생은 무할 수 없이 위로를 받았다. 동생이 여기서 받은 기쁨은 전심전영에 미치는 듯이 컸다… 이것은 동생에게 신앙에 대한 새로운 빛을 주었고 신앙에 대한 사랑과 경외의 마음에 박차를 가했다… 이것이 계기가 되어 무신론자들의 이론을 반박해야겠다는 생각이 강력하게 일어났다."

파스칼은 이때의 감격이 너무 커서 이것을 잊지 않으려고 성물의 모형을 만든 다음 거기다가 "나는 내가 믿는 자가 누구인지 아노라"는 디모데후서 1장 12절 말씀을 새겨놓았다.

앞에서도 본 바와 같이 예수회와의 신학적 논쟁의 와중에서 일어난 기적은 파스칼로 하여금 복음에 대한 큰 확신과 더불어 기독교 복음을 증거하는 글을 쓰려는 간절한 마음을 생기게 하였다. 이것이 파스칼이 팡세를 쓰게 된 배경이다.

파스칼은 이 작품을 구상하면서 이 글을 쓰려면 10년 정도의 시간이 걸릴 것이라고 말했다. 파스칼은 이 글을 쓰려고 평소의 생각을 메모하기 시작했다. 파스칼은 이 메모를 쓸 때마다 기도했다고 한다. 그러나 파스칼은 이토록 정성을 들인 글을 완성하지 못하고 도중에 이 세상을 떠나고 말았다.

팡세가 잘 이해되지 않는 것은 파스칼의 사상이 심원한 것에도 그 이유가 있지만, 무엇보다 아직은 메모하는 단계였으므로 체계적이지 못한 데도 큰 원인이 있다. 한마디로 팡세는 미완성 작품이다. 메모 중에는 어린아이의 필적이 있는 것으로 보아 건강의 악화로 직접 쓰지 못하고 파스칼이 불러준 것을 받아 쓴 것도 있음을 알 수 있다.

파스칼의 깊은 사상이 질서 있게 체계적으로 정리되지 못하고 건강 때문에 요절한 것은 참으로 안타깝기 짝이 없다. 어쩌면 현재의 팡세의 형태가 하나님이 보실 때 더 좋은 것이었을지도 모른다.

말년의 파스칼은 마치 성자를 방불케 한다. 극기와 금욕의 생활, 사랑과 겸손의 삶을 실천하였다.

파스칼은 교만한 마음을 버리고 겸손한 마음을 가지려 애썼다. 파스칼은 천재였다. 그는 결정적 회심 이전에는 매우 교만하였고 남을 무시하고 자기에 대한 신뢰가 누구보다 큰 사람이었다. 파스칼은 뾰족한 철제로 된 가시가 많이 달린 허리띠를 띠고 교만한 마음이 생길 때면 팔굽으로 허리띠를 힘껏 눌러 아픔을 느끼면서 교만한 마음을 이기려고 했다.

파스칼의 신앙생활은 가난한 사람에 대하여 잘 나타난다. 파스칼은 하나님을 기쁘시게 하는 것은 가난한 사람들을 생각하고 그들을 돌보는 것으로 생각했다. 달년의 파스칼의 태도가 너무 소박하고 경건하여 그를 본 사람들은 모두 놀랐다.

파스칼은 죽기 1년 전에 자선사업을 위하여 합승마차제도를 직접 구상하고 운영했다. 이 일탄 시민용 합승마차는 일정한 지점에서 일정한 지점까지 정기적으로 운행하고 일정한 요금을 받는 것이다. 이것은 오늘날 공영버스제도의 시작이라고 볼 수 있다. 파스칼은 여기서 나온 수입금을 모두 자선사업에 사용했다. 파스칼은 자기가 가진 것을 가난한 사람에게 나누어준 다음에 나중에는 돈을 빌리는 일도 종종 있었다.

그러면서 파스칼의 죽음은 점점 다가오고 있었다.

파스칼이 이토록 짧은 세월을 산 것은 그의 타고난 허약 체질에도 원인이 있지만, 과도한 연구 그리고 말년의 심한 고행과 금욕생활도 한 원인이 되었다. 평성 불편한 몸을 가지고 있었던 파스칼은 그의 생애가 투병생활 그 자체였다.

파스칼은 점점 심한 두통과 복통에 괴로워했고 그 때문에 식사도 제대로 하지 못했다. 두 다리가 마비되어 가면서 지팡이에 의지해서 겨우 걸을 수 있었다. 파스칼은 이러한 병의 고통 속에서 팡세를 위한 메모와 '병의 선용을 위한 기도'를 드렸고 글로 썼다.

한 대목을 보자.

"주님, 당신의 마음은 모든 일에 지극히 선하고 인자하십니다. 당신의 정의가 나에게 주신 이 볏중에서도 저로 이방인처럼 행동하지 않게 해주시옵소서. 어떤 상황 속에서도 당신을 나의 아버지, 나의 하나님으로 알도록 하여 주옵소서. 당신은 당신에게 봉사하도록 저에게 건강을 주셨지만 저는 그것을 잘못 사용하였습니다. 당신은 저를 바로잡고자 이제 저에게 병을 주셨습니다. 그러나 저는 저의 건강을 악용했습니다. 만일 저의 건강이 계속되는 동안 저의 마음이 세상에 대하여 애착이 있다면 저의 구원을 위하여 저의 건강을 없이 하여 주옵소서. 나의 하나님이여, 저의 마음은 대단히 완고하여 여러 가지 생각과 염려와 불안과 이 세상의 집착으로 가득 차 있습니다. 전능하신 하나님이여 저는 당신께 부르짖습니다. 주여, 당신을 떠나 누구를 부르며 누구를 의지하겠습니까. 주님이 아니고서는 저의 기대를 채울 수가 없습니다. 저의 마음을 열어주소서. 악한 마음으로 더럽혀진 이 반역의 장소로 들어오소서. 육체의 병이 영혼의 약이 되게하소서. 주여, 이 비참한 흙덩어리 위에 당신의 영이 오시려면 제가 어떻게 해야 합니까. 주여, 저와 함께 하소서."

우리는 불편한 가운데서도 움츠러들지 않고 하나님께 신음하고 회개하면서 기도하는 파스칼의 모습을 본다.

1659년 여름부터 파스칼의 건강은 더욱 악화되어갔다. 책을 보고 글을 쓰는 일이 의사에 의해 금지되었다. 그러한 와중에도 1661년은 그에게 너무도 큰 시련의 해였다. 포올 르와이알 수도원에 대한 예수회의 박해가 다시 시작되었다.

장세니우스의 책을 이단으로 규정하는 교회의 칙서가 나오고 장세니우스를 인정하는 모든 성직자에게 이것을 포기하도록 서명을 강요했다. 서명을 반대하는 자는 투옥되었다. 이때 포올 르와이알 수도원의 지도자인 드 사시가 투옥되었다. 강압과 협박에 의해 결국 대부분 사람이 서명하고 말았다.

이 서명에 끝까지 버틴 사람은 파스칼과 누님의 남편인 패리에와 파스칼의 친구 로아네스 공과 그 외 다른 한 사람, 모두 네 사람뿐이었다. 파스칼은 그 자리에서 졸도하고 말았다. 자기가 믿는 확신 때문에 끝까지 투옥을 각오하고 의연히 대결하는 또 다른 파스칼의 모습을 본다.

이렇게 해서 왕권과 결탁한 예수회의 압력으로 포올 르와이알 수도원은 종말을 고했다. 포올 르와이알 수도원은 해산되었고 수도원 건물은 철거되었고 그 폐허 위에 풀 한 포기도 돋아나지 못하도록 석탄가루를 뿌렸다. 그러나 포올 르와이알은 파스칼과 함께 지금까지 생생히 남아 있다.

1662년 6월 파스칼은 마지막 병석에 눕게 되었다. 고통이 심했지만, 오늘날과 같은 진통제가 없는 때에 모두 속수무책으로 바라만 보았다. 이러한 모습을 보면서 파스칼은 "제발 나에게 동정하지 마십시오. 병은 그리스도인의 일상적인 모습입니다. 늘 그러하듯이 사람은 병을 앓아야 온갖 고통을 견딜 줄 알고 모든 즐거움을 끊을 수가 있고 언제나 죽음을 기다리면서 야심과 욕망도 버릴 수 있습니다. 저를 위해 기도해주십시오. 이것만이 저의 소원입니다."

파스칼은 죽음의 고통 속에서도 "옛날부터 가난한 사람들은 몹시 좋아했는데 가난한 사람들을 위해 아무 일도 못하였다"라고 후회했다.

8월 3일 유언장을 썼다. 그 내용은 합승마차 운영수입의 절반을 가난한 사람들에게 주도록 하는 것이었다.

그는 마지막 성찬을 받았다.

"주여, 저를 버리지 마옵소서" 이것이 파스칼의 마지막 말이다. 오랜 고통끝에 드디어 심장이 멎었다.

1662년 8월 19일 새벽 1시.

성실과 진리를 향하여 신음하면서 추구했던 구도자 파스칼.

39년 2개월의 인생은 여기에서 끝났다.

그의 짧은 생애를 되돌아볼 때 그의 생애가 얼마나 정열적이고 충만한 삶이었는가를 본다. 그는 어느 분야에서나 일단 그것이 자신의 문제로 받아들여지면 극한에까지 멈추지 않고 치달았으며 그 숨가쁜 정신을 바라보는 우리는 한 위대한 영혼의 강렬함과 힘찬 도약에 압도당하고 만다. 그러나 무엇보다 파스칼의 생애와 사상은 다음과 같은 짧은 고백 속에 함축되어 있다.

"주여, 저의 모든 것을 당신께 바치나이다."

파세이 유명한 매트

인간은 모름지기 자신을 알아야 한다.
이보다 더 귀한 일은 없다.

❊

이 세상의 공허함을 알지 못하는 자야말로
그 자신이 공허하다.

❊

나는 오직
신음하며 추구하는 사람만을 인정한다.

❊

내가 가장 놀라는 것은
아무도 자신의 무지에 놀라지 않는다는 것이다.

❊

뛰는 것이 말의 본질인 것처럼
부정하고 믿고 옳게 의심하는 것이 인간의 본질이다.

❊

일생에서 가장 중대한 것은 직업의 선택이다.
그런데 우연히 이를 결정한다.

❊

가장 좋은 글이란 그것을 읽은 사람이
자기도 그렇게 쓸 수 있을 것 같다고 생각하는 글이다.

만일 클레오파트라의 코가 좀 더 낮았더라면
온 세상이 어떻게 바뀌었을지 모른다.

❉

절대 침몰하지 않으리라는 보장이 있다면
폭풍이 휘몰아치는 배 안에 있는 것은 오히려
즐거운 일이다.

❉

무슨 까닭으로 다수를 따르는가?
그들이 더 정당하기 때문인가? 아니다.
더 힘이 강하기 때문이다.

❉

내가 가지고 있는 모든 것이 없어져버릴 것이라 생각하면
얼마나 두려운 일인가.

❉

사람들은 많은 것을 배우지만
성실한 인간이 되는 것에 대해서는 배우지 않는다.

❉

참된 종교는 인간이 위대하다는 사실과 함께
인간이 비참하다는 사실을 가르쳐주어야 한다.

우주는 공간으로 나를 에워싸고
마치 한 점과 같이 둘러 삼킨다.
그러나 생각함으로써 나는 우주를 포용한다.

❁

나는 손도 발도 머리도 없는 사람을 생각할 수 있다.
그러나 나는 생각하지 않는 인간을
생각할 수 없다.

❁

참된 기독교인처럼 행복하고 합리적이고 덕 있고
사랑할 만한 사람은 아무도 없다.

❁

세상을 따라 살아가기에 가장 쉬운 상태는
하나님을 따라 살아가기에 가장 어려운 상태다.

❁

하나님을 아는 것에서 하나님을 사랑하기까지
얼마나 큰 차이가 있는가!

❁

철학자들은 보통 사람들을 놀라게 한다.
그러나 기독교인들은 철학자들을 놀라게 한다.

기독교는 별나다. 기독교는
인간이 비열하고 가증스러운 죄인이라는 사실을
알게 하면서도 하나님과 같이 되도록 명한다.

❇

얼마 있지 않으면 죽는다는 사실, 이것이 내가 아는 전부다.
그러나 나는 피할 수 없는 이 죽음에 대하여
아무것도 모르고 있다.

❇

예수 그리스도가 만물의 목적이요.
만물이 지향하는 중심이라는 것을 안 자는
모든 사물의 존재 이유를 깨달은 자다.

❇

이성의 최후의 한걸음은
이성을 초월하는 무한한 사물이 있음을 인정하는 일이다.
이를 인정하는 데까지 이르지 않는 한
이성은 약한 것일 뿐이다.

❇

만일 신앙을 가진다면 바로 쾌락을 버릴 것이라고
말하는 사람들이 있다. 그러나 나는 당신에게 말하겠다.
당신이 쾌락을 버린다면 곧 신앙을 얻을 것이라고.
그러니 시작은 당신부터다.

인간의 비참을 위로해주는 유일한 것은 심심풀이다.
그러나 심심풀이야말로 인간이 얼마나 비참한 존재인가를
무엇보다 잘 보여주는 것이다. 왜냐하면
이것은 우리 자신에 대하여
생각하는 것을 가로막으며, 우리르 하여금 모르는 사이에
멸망으로 향하게 하기 때문이다.

❀

어떤 사람들은 자기가 쓴 책이나 글을 보고
흔히 '나의 책', '나의 글', '내 이야기'라고 말한다. 그러나 오히려
'우리의 책', '우리의 글', '우리 이야기'라고 말해야 할 것이다.
왜냐하면, 사실은 나의 책과 나의 말에는 다른 사람의 것이
더 많이 들어 있기 때문이다.

❀

만일 자신이 얼마나 교만하고 야심과 욕심에 차 있고
결함투성이며 비참하고 불의한가를 깨닫지 못한다면
그는 눈먼 사람이다. 만일 이를 알면서도
이것으로부터 구원받기를 원하지 않는다면
이런 사람에 대해서는 무어라 말할 것인가?

나는 내가 저기에 있지 않고 여기에 있는 것에 대해서
무서움과 놀라움을 느낀다. 왜냐하면, 저기 아닌 여기에,
다른 시간이 아닌 이 시간에 있어야 할 아무런 이유가 없기 때문이다.
누가 나를 하필 이 자리에 있게 하였는가? 누구의 명령과 지시로
내가 지금 여기에 있게 되었는가?

❄

기독교에는 무엇인가 놀라운 것이 있음을 말하지 않을 수 없다.
이렇게 말하면 내가 그 안에서 태어났기 때문이라고 말할지 모른다.
천만의 말이다. 오히려 나는 혹시 이 선입관에
끌려 들어가는 것은 아닐까 하고 경계한다.
아니 비록 그 안에서 태어났다 할지라고
나는 기독교에 놀라운 것이 있음을
인정하지 않을 수 없다.

팡세의 전수들

1 사람을 효과 있게 꾸짖고 그의 잘못을 일깨우고자 할 때는 먼저 그가 어느 방향에서 사물을 보는가를 알아야 한다. 왜냐하면, 대체로 그 방향에서는 그런대로 옳기 때문이다. 그러므로 그에게 옳은 점을 인정해주되 그가 어느 면에서 그릇되었는가를 보여주어야 한다. 사람은 모든 것을 다 보지 못했다는 말에는 화를 내지 않지만 잘못되었다는 말을 들으면 싫어한다. *B9-L5*

> 해설 파스칼은 '팡세'의 방법을 어떻게 할 것을 말하고 있다. 파스칼의 기독교 변증의 특징은 철학적·신학적 접근이라기 보다 기독교 진리를 모르는 자의 편에 서서 그들의 생각과 의문으로부터 시작하는 것이 특징이다. 복음주의 신학자인 버나드 램은 기독교 역사상 큰 변증가 아홉 명을 들면서 파스칼을 그 중 한 사람으로 말하고 있다.

2 대체로 사람은 다른 사람이 생각해낸 생각보다 자신이 스스로 발견한 생각에 따라 한결 잘 이해한다. *B10-L6*

> 해설 결국, 인간은 자신의 생각과 경험을 가장 신뢰하기 마련이다. 그러나 인간의 생각과 경험에는 한계가 있다.

3 나에게 별로 새로운 것이 없다고 말하지 마라. 재료의 배치가 다르다. 테니스를 할 때 양쪽이 같은 공을 쓴다. 그러나 테니스를 잘한다는 것은 그 공을 잘 다룬다는 것이다. 같은 사상도 배열이 달라지면 다른 뜻을 갖게 되고, 같은 언어도 배열이 달라지면 다른 사상을 만든다.
B22-L4

해설 공을 잘 다룬다는 것은 곧 공의 배치를 잘한다는 말이다. 같은 말도 그 사용하는 위치에 따라 뜻을 달리한다. 파스칼의 팡세는 그의 손으로 완성을 보지 못한 미완성 작품으로 1,000여 개에 달하는 조각글로 되어 있다.

팡세의 조각글은 15여 쪽 긴 글에서부터 한 줄로 끝나는 글도 있고 중복된 글도 있다. 그러나 유감스럽게도 파스칼은 생전에 그 글들을 직접 정리하지 못하고 죽었다. 따라서 팡세는 후대 사람들은 파스칼의 의도를 연구하면서 입장에 따라 배열과 다른 여러 판으로 편집되어 출판됐다.(16쪽 일러두기 참조)

4 글을 쓰려고 할 때 마지막으로 생각하는 것은 맨 먼저 무슨 말을 할 것인가 하는 것이다.
B19-L8

해설 팡세가 미완성의 글이긴 하지만 파스칼이 얼마나 그의 글의 구성과 순서에 신경을 썼는가를 알 수 있다. 처음 말과 처음 글은 매우 중요하다. 일반적으로 글을 쓰는 사람들도 대체로 그렇다.

5 자연스러운 글을 대할 때 우리는 매우 놀라며 기쁨을 느낀다. 한 작가를 만나리라 기대했던 것이 뜻밖에도 한 인간을 발견한 까닭이다. 이와 반대로 훌륭한 교양을 가진 사람이 쓴 한 권의 책을 대하면서 그 안에서 한 인간을 만나보고 싶었지만 단지 한 작가를 발견하게 되면 크게 실망한다. *B29-L3*

해설 글쓴이의 삶이 자연스럽게 베어 있는 글이 좋은 글이다. 내면적 성실과 진지 그리고 솔직한 표현들이 사람들을 기쁘게 하고 감동하게 한다. 팡세를 읽으면서 한 작가가 아니라 한 인간을 만나게 되리라.

6 나는 인간이 진리를 알고 싶어 하도록 만들고 싶다. 인간이 진정 안다는 것이 욕망 때문에 얼마나 희미해졌는가를 알게 한 후, 욕망으로부터 해방되어 진리를 발견할 때까지 진리를 따라가도록 해주고 싶다. *B423-L234*

해설 파스칼이 팡세를 쓰게 된 동기와 방법을 우리에게 보여준다. 파스칼은 인간의 다양한 모순에 대하여 말한다. 팡세를 진지하게 읽다 보면 인간이 무엇인지, 진리를 알고 싶어질 것이다. 팡세는 기독교 변증서임과 동시에 전도를 위한 책이다.

7 인간은 모름지기 자신을 알아야 한다. 이보다 더 귀한 일은 없다.

B66-L120

해설 무엇보다 먼저 알아야 할 것은 자신이다. 그런데도 사람들은 돈, 명예, 출세를 찾는데 분주하다.

8 나는 온 힘을 다하여 진정한 선이 어디 있는가를 알고 이를 따르고자 한다. 영원을 위해서라면 나에게는 어떠한 것도 지나치게 비쌀 것이 없다.

B229-L13

해설 진리를 추구하는 파스칼의 뜨거운 열정을 느낀다. 파스칼은 39세 나이로 죽었지만, 그는 어렸을 때부터 무엇이든지 의문을 품고 해답을 찾기 위하여 열중했다.

9 대화를 통해서 우리의 지성과 직관이 자란다. 동시에 대화 때문에 우리의 지성과 직관이 해를 입기도 한다. 이렇듯 좋은 대화는 유익하고 나쁜 대화는 해를 끼친다. 그러므로 좋은 대화를 선택할 필요가 있다. 그러나 이미 만들어진 지성과 직관 없이는 좋은 선택을 할 수 없다.

B6-L991

해설 팡세와의 만남은 우리에게 더 좋은 지성과 직관을 주는 대화가 될 것이다. 대화는 우린의 삶을 풍성하게 해준다. 대화의 상대가 있다는 것은 행복한 일이다.

10 우리는 언제나 현재를 만족하지 못한다. 미래가 너무 더디게 오는 것을 앞당기기라도 하려는 것처럼 미래가 어서 오기를 기다리거나, 과거가 너무 빨리 달아나는 것을 막기라도 하려는 것처럼 과거를 회상한다. 현존하는 현재를 생각 없이 지나쳐 버리거나 생각하지 않는다. 그리고 현재를 생각한다 해도 미래를 위하는 실마리를 얻으려는 데 지나지 않는다. 현재는 결코 우리의 목표가 아니다. 과거와 현재는 단지 수단일 뿐이요, 오직 미래만이 우리의 목적이다. 따라서 우리는 지금 살고 있는 것이 아니라 살기를 희망하고 있을 뿐이다. 이렇게 항상 행복해지려고 준비하고만 있으니 지금 행복할 수 없는 것은 당연하다. *B127-L61*

해설 항상 과거를 회상하거나 미래만을 바라보고 살아가는 인간, 언제 행복할 것인가? 인간에게 진정한 시간은 현재인데 현재로부터 도피하려고 한다. 비참한 인간의 한 모습이다. 현재에 행복하지 않으면 언제 행복할 것인가? 신학자 몰트만Jürgen Moltmann은 그의 저서 『희망의 신학』에서 팡세의 이 조각글을 인용하면서 희망하는 인간의 허망을 지적하고 진정한 희망은 하나님 안에서만 가능하다고 말한다.

11 진정한 웅변은 웅변을 경멸하며, 진정한 도덕은 도덕을 경멸한다. 철학을 경멸하는 것이야말로 진정으로 철학하는 것이다. *B4-L911*

해설 웅변술이 좋은 사람이 웅변을 잘하는 사람이 아니다. 마찬가지로 철학자라고 해서 진정한 철학을 하는 것은 아니다. 삶의 의미와 목적을 근본에서 말해 줄 수 있는 사람이 우리에게 필요하다. 사도 바울이 말더듬이었다는 사실을 알자.

12 나는 추상적 학문의 연구에 많은 시간을 보냈다. 그리고 이 연구를 하면서 서로 만나는 사람이 매우 적다는 사실을 알게 되었다. 인간을 연구하기 시작했을 때 나는 추상적 학문이 인간을 아는 데 적합하지 못하고 오히려 더 혼란에 빠뜨리는 것을 알게 되었다. 나는 인간을 알려면 추상적 학문을 몰라도 된다고 생각한다. 인간을 연구하는 사람은 기하학을 연구하는 사람보다도 소수다. *B144-L756*

해설 추상적 학문이란 물리학, 수학 등의 과학을 말한다.
'추상적 학문을 몰라도 된다'는 말은 물리학과 수학에 탁월한 재능을 가진 파스칼이 한 말이기 때문에 더 의미가 있다.
'몰라도 된다'는 말은 필요가 없다기보다는 인간을 이해하지 못하고 인간에게 행복을 주지 못하는 과학의 한계를 말하고 있다.
파스칼은 그 자신이 추상적 학문의 소유자였다. 인간을 안다는 것이 얼마나 중요한 것인가!

13 사람들은 많은 것을 배우지만 성실한 인간이 되는 것에 대해서는 배우지 않는다. *B68-L716*

> 해설 파스칼은 여러 곳에서 무엇보다 '성실한 인간'이 될 것을 말하고 있다. 파스칼에게 성실은 진리를 알고자 하는 끝없는 갈망을 말한다.

14 생략의 미, 판단의 미. *B30-L986,799*

> 해설 팡세의 조각글 중 짧은 구절의 한 예다. 이렇게 짧은 구절 가운데 깊은 의미가 담겨 있는 것이 팡세의 특징이다. 생략할 때 생략하는 것은 큰 멋이요 아름다움이다. 좋은 판단이 얼마나 아름답고 유쾌한 일인가. 팡세는 생략의 미와 판단의 미가 만들어낸 작품이라 할 수 있다. 팡세는 비록 미완성 작품이지만 프랑스 문학사상 단순, 명료, 촌철살인 하는 문장으로 유명하다.

15 좋은 웅변은 재미있고 진실하야 한다. 그리고 재미는 진실에서 우러나와야 한다. *B25-L958*

> 해설 진실한 말이 설득력이 있다. 진실한 말일 때 흥미를 준다.

16 그는 수학자다, 설교가다, 웅변가다라는 말을 들어서는 안 된다. 다만, 그는 성실한 인간이라는 말을 들어야 한다. 성실한 모습만이 나를 만족게 한다. 말재주가 문제가 되지 않는 한 말을 잘하는 사람으로 기억되고 싶지 않다. *B35-L987*

> **해설** 파스칼은 다른 곳에서 "나는 과장된 말을 미워한다"고 말한다.

17 사람들은 종교를 멸시한다. 이를 싫어하고 그것이 진실일까 봐 두려워한다. 이러한 생각을 바꾸려면 먼저 기독교 신앙이 이성에 모순되지 않는다는 것을 보여주어야 한다. 기독교는 존중할 만하며 사랑할 만하다는 것과 합리적인 사람들로 하여금 그것이 진실하다는 것을 보여주어야 한다. 기독교는 진정으로 인간을 이해하고 사랑할 만하고 참된 행복을 약속하는 종교다. *B187-L35*

> **해설** 신앙을 갖지 않은 사람들은 종교를 멸시하고 감정적으로 싫어하고 결국 진실일까 봐 두려워한다. 그러므로 기독교가 이성에 모순되지 아니하며 존경할 만하고 참된 행복이 있음을 보여주어야 한다. 기독교인들 중에는 신앙이 이성과 상관없다고 말하는 사람들이 있다. 참된 기독교인은 이성주의에 빠져서는 안되지만 이성적이며 합리적이어야 한다. 기독교가 진정으로 인간을 이해하고 사랑할만하고 행복을 약속하는 종교라는 것을 증거하는 것이 파스칼이 팡세를 쓴 목적이다.

18 높은 정신의 소유자가 아니더라도 이 세상에는 진정으로 지속적인 만족이 없다는 것. 우리의 쾌락은 덧없다는 것, 우리의 불행은 끝이 없다는 것, 시시각각 우리를 위협하는 죽음이 불원간 우리를 영원히 멸하거나 불행하게 만들 끔찍한 필연 속에 틀림없이 몰아넣으리라는 것은 누구나 알 수 있는 일이다. 이보다 더 확실한 것은 없으며 이보다 더 두려운 것은 없다. 마음대로 허세를 부려보아라. 이 지상의 아무리 아름다운 인생도 여기 죽음이 기다리고 있다.

따라서 이것을 의심하면서 살아간다는 것은 확실히 큰 불행이다. 그러니 의심하면서도 추구한다는 것은 적어도 불가결한 의무다. 그러나 의심하면서도 추구하지 않는 자는 불행하면서도 옳지 않은 것이다. 하물며 그것에 평안과 만족이 있다고 생각하고 이 상태를 끝까지 고집한다면 이토록 해괴한 인간에게 나는 무슨 말을 해야 할지 모르겠다.   *B194-L11*

> **해설** 왜 인간은 이토록 불합리한가! 인간이 얼마나 해괴한 존재인가! 이 조각글은 성실하지 못한 인간을 말하고 있다.

19 누가 나를 이 세상에 태어나게 했으며, 세계는 그리고 나는 무엇인지 알 수 없다. 나는 모든 일에 더하여 아는 것이 없다. 나는 나의 육체, 나의 감각, 나의 정신이 무엇인지 모른다. 나는 나를 에워싼 이 우주의 거대한 공간을 본다. 그리고 광막한 우주의 한 모퉁이에 서 있는 자신을 발견한다. 무슨 이유로 다른 곳이 아닌 여기에 있는지, 무슨 이유로 내가 살고 있는 이 짧은 시간이 과거와 영원에 이르는 사이의 다른 시점이 아닌 지금 이 시점인지 나는 모른다. 어느 곳을

둘러보나 보이는 것은 오직 무한뿐이요, 이 무한은 다시는 돌아올 수 없는 한순간 지속할 뿐인 하나의 원자, 하나의 그림자와도 같이 나를 덮고 있다. 내가 확실히 아는 것은 다만 내가 곧 죽을 것이라는 사실이며 내가 모르는 것은 이 피할 길 없는 죽음 그 자체다.

인간에 있어 자신의 상태보다 중요한 것이 없고 죽음보다 두려운 것은 없다. 따라서 자신의 존재가 영원히 없어지리라는 불행에 대하여 무관심한 사람이 있다면 이는 결코 자연스러운 것이 아니다. 그러면서도 그들은 다른 문제에 대해서는 전연 딴 사람이 된다. 극히 사소한 일에 대해서 근심하고 민감해진다. 직장을 잃거나 다른 사람이 자신을 무시했다는 이유로 몇 날 몇 밤을 분노와 절망 속에 보내는 사람이, 죽음이 모든 것을 빼앗아갈 것이라는 사실에 대하여 불안도 동요도 느끼지 않는다. 한 사람이 동시에 극히 사소한 일에 대해서는 민감하고 극히 중대한 일에 대해서는 무관심한 것은 도무지 알 수 없는 일이다. 이는 이해할 수 없는 마법이요 초자연적인 혼란으로, 이렇게 만드는 원인이 전능한 힘임을 보여준다. *B194-L11*

해설 우리에게 죽음의 문제보다 더 중요한 것은 없다. 죽음은 나의 모든 것과 관련되어 있기 때문이다. 죽음에 대한 태도에 따라 우리 삶은 달라진다. 그러므로 우리는 죽음을 마땅히 진지하게 생각하여야 한다. 그런데도 인간은 틀림없이 다가올 죽음에 대하여 무관심하다니 얼마나 기이한 일이 아닌가!

20 기독교를 공격하기 전에 적어도 자신들이 공격하는 기독교가 무엇인지를 알기 바란다. 그들은 성경의 한 부분을 읽는데 몇 시간을 보내거나, 신앙에 대하여 어떤 성직자에게 물어보았다는 사실 그것만 가지고도 대단한 노력을 하고 연구라도 한 것처럼 말한다. 그리고는 기독교에 관한 책을 보고 사람과 이야기해보았지만, 헛일이었다고 자랑 삼는다. 그러나 진실로 나는 여러 번 말한 바 있지만, 다시 한번 그들에게 말하고 싶다. 이와 같은 태만은 참을 수 없는 것이라고. 우리가 가진 문제는 그 정도로 해도 괜찮은 사소한 것이 아니라 우리 자신 그리고 우리 전 존재와 관련된 문제이다.

영혼이 불멸인가 아닌가 하는 문제는 너무도 중대한 문제이기 때문에 우리가 가진 모든 의식을 잃어버린 상태가 아니라면 그것이 무엇인가를 아는 데 도저히 무관심할 수 없다. 우리의 온갖 행동과 사고는 영원히 행복할 수 있느냐 없느냐에 따라 매우 다른 길을 가게 되는 만큼 이 문제를 해결하지 아니하고는 단 한 걸음도 분별 있는 걸음을 내디딜 수 없다. 따라서 우리의 제일의 관심, 제일의 의무는 우리의 모든 행위와 깊은 관련이 되어 있는 이 영혼의 문제를 밝히는 것이다.

그들 자신, 그들의 영생, 그들의 전 존재가 관계되어 있는 문제에 대하여 이토록 무관심한 것은 나로 하여금 그들에 대한 연민보다 오히려 분노를 불러일으킨다. 이는 나로 하여금 놀라게 하고 소름끼치게 한다. 이러한 사실은 나에게는 도무지 이해되지 않는 하나의 괴물과 같다. 내가 이렇게 말하는 것은 신앙을 가지고 경건한 영성을 가진 자로서가 아니라 오히려 이와 반대로 나는 인간적인 면에서, 그리고 스스로 자신을 사랑하는 태도에서 볼 때 그렇다는 것이다. *B194–L11*

해설 영생의 문제, 죽음의 문제는 경건한 신앙인이나 고상한 학자들만이 생각해야 할 것이 아니라 모든 인간이 생각해야 할 주제다. 왜냐하면 이 주제를 어떻게 보느냐에 따라 지금 나의 삶이 달라지기 때문이다. 그런데도 인간은 이 중대한 주제에 대하여 무관심하다니! 이 조각글 역시 성실하지 못한 인간의 모습을 말하고 있다. "영혼이 불멸인가 아닌가 문제는 너무도 중요한 문제다…"라고 말한 부분은 파스칼이 잘 못 알고 쓴 말인 것 같다. 신플라톤주의의 영향을 받은 아우구스티누스의 사상을 받은 것으로 보인다. 오늘날 한국교회에게서 아무 생각 없이 사용하고 있다. '영혼불멸'은 그리스 이원론에 근거한 사상이며, 기독교에서는 몸과 영혼이 하나인 '부활사상'을 말하고 있다.

21 과연 빛을 발견할 수 있는 것인지 없는지 시험 삼아 최소한 몇 걸음이라도 내딛어볼 필요가 있다. 별로 중요하지 않은 일에 헛되이 보내는 시간에서 조금이라도 시간을 내서 이 글을 꼭 읽어보기 바란다. 아무리 반감을 품고 있다 할지라도 아마 무엇인가를 얻는 것이 있을 것이요, 적어도 큰 손해는 없을 것이다.

그리고 진정으로 성실성을 가지고 진리를 탐구하려고 소망하는 사람들은 만족을 얻을 것이며, 이처럼 성스러운 신앙의 증거를 통해서 확신을 얻게 될 것이다.

B194-L11

해설 파스칼은 자신의 책에 대하여 말하고 있다. 그가 이 책에 얼마나 많은 정성을 들였으며 이 책을 쓰게 된 동기가 무엇인지 알 수 있다. 이 책을 통하여 많은 사람들에게 믿음의 확신을 줄 것을 확신하면서 파스칼은 이 글을 쓰고 있다.

22 기하학적 정신과 섬세의 정신은 차이가 있다. 기하학적 정신의 원리는 매우 분명하지만, 일상적으로 사용하지 않는다. 이것은 습관이 되어 있지 않기 때문이며 이러한 방법으로 생각하기 쉽지 않기 때문이다. 그러나 조금이라도 이 방법에 관심을 둔다면 이 원리는 쉽고도 분명하게 알 수 있다. 반면 섬세의 정신은 모든 사람이 일상적으로 사용하는 원리다. 굳이 머리를 쓰거나 애써 노력할 것도 없다. 다만, 문제는 좋은 눈, 참으로 좋은 눈을 갖는 것이다. 이 원리는 종류가 많은데다 얽히고설켜 있어 빠짐없이 본다는 것은 거의 불가능하다. 만약 이중 어느 한 가지라도 보지 못한다면 결국 오류에 빠질 수밖에 없다. 그래서 모든 원리를 한꺼번에 빠뜨리지 않고 보려면 아주 좋은 눈이 필요하고 이러한 통찰력을 가지려면 무엇보다 바른 정신이 필요하다.

기하학적 정신을 가진 수학자나 과학자는 정의와 원리에 의해서 모든 것이 설명될 수 있을 때 올바른 판단을 하지만 그렇지 못할 때는 잘못될 수밖에 없다. 이들은 원리가 분명할 때만 정확하다. 반면 섬세의 정신만을 가진 사람들은 사물의 추상적 원리를 파고들어갈 만한 인내력이 없다. 그러기에 기하학적 정신을 가진 사람이 섬세한 정신의 소유자가 되고 섬세한 사람이 기하학자가 되는 것은 드물다.

B1-L910

해설 팡세를 이해하는 데 중요한 조각글이며 블랑슈빅 판은 맨 처음 이 조각글로부터 시작하고 있다. 파스칼은 사물을 인식하는 방법으로 기하학적 사고와 섬세의 사고 두 가지로 나눈다. 이것은 파스칼의 독특한 용어다. 수학과 물리학을 연구하는 데는 기하학적 정신이 필요하고 인간을 이해하려면 섬세의 정신이 필요하다. 기하학적 정신은 논리에 의해 추리하고 증명되는 과학적 사고를 말하고, 섬세의 정신은 사물의 원리와 질서를 단번에 인식하고 파악하는 직관을 말한다. 파스칼은 팡세에서 기하학적 정신을 이성으로, 섬세의 정신을 마음으로 표현한다. 파스칼의 기하학적 정신과 섬세의 정신을 겸비한 희귀한 사람이라 할 수 있다. 파스칼이 계산기를 발명하고 파스칼 원리를 발견한 것이 기하학적 정신의 결과라면 팡세는 그의 탁월한 섬세의 정신이 만들어낸 걸작이라 할 수 있다.

23 하나님 없는 인간이 얼마나 불행한가를 모르는 것보다 인간이 얼마나 큰 결함을 가지고 있는가를 보여주는 것은 없다. 영원한 약속의 진리를 바라지 않는 것보다 더 이상한 것은 없다. 하나님에 대하여 허세부리는 것보다 비겁한 일은 없다.

기독교인이 될 수 없다면 최소한 성실한 인간이라도 되어주기 바란다. 그리하여 이치에 합당하다고 부를 수 있는 사람은 다음의 두 종류밖에 없다. 곧 하나님을 알고 충심으로 하나님을 공경하는 사람과 하나님을 알지 못하고 충심으로 하나님을 찾는 사람. *B194-L11*

[해설] 열심히 하나님과 진리를 추구하는 것이 마땅하지 않은가? 파스칼이 말한대로 최소한 이치에 합당한 사람은 되어야 하지 않겠는가. 그런데도 인간들은 어찌 이리도 불합리한가.

24 우리는 정신임과 동시에 자동기계다. 따라서 설득에 사용되는 수단은 증명만이 아니다. 증명할 수 있는 것이란 그 얼마나 제한된 것인가! 증명은 이성을 설득시킬 따름이다. 습관이야말로 가장 강력하고 신뢰할 만한 증명을 이룬다. 습관은 자동기계를 유도하며, 한편 자동기계는 모르는 사이에 이성을 이끌어간다. 내일이 있고 우리가 죽을 것을 누가 증명하였는가. 그러나 이보다 더 확실하다고 생각하는 일이 어디 있는가. 결국, 우리로 하여금 그렇게 믿게 하는 것은 습관이다. 수많은 기독교인을 만드는 것도 습관이요 로마인, 불신자, 직업을 갖는 일, 군인이 되는 일도 습관에 의해서다. *B252-L7*

해설 인간을 믿게 하고 설득시키는 것은 이성의 힘과 자동기계가 있다. 이성이 합리적이라면 자동기계란 본능적이고 기계적이고 습관적인 것을 말한다. 사람들은 오히려 이성의 논리보다 자동기계 즉, 습관의 힘으로 더욱 설득되고 믿는 경향이 있다. 인간이 이성으로 증명할 수 있는 것이 얼마나 있겠는가?

25 하나님을 알지 못하고 행복할 수 없다. 하나님을 가까이한 만큼 행복해지고, 하나님을 멀리한 만큼 불행해진다. 그러므로 궁극적인 행복은 하나님을 확실히 아는 데 있고, 궁극적인 불행은 하나님이 없음을 확신하는 데 있다. 의심한다는 것은 불행이 아닐 수 없다. 그러나 의심 가운데서 추구한다는 것은 불가피한 의무다. 그러므로 의심하면서도 추구하지 않는 자는 불행과 부정을 동시에 지닌 것이다.

B194-L11

해설 파스칼의 『팡세』는 기본적으로 기독교 전도학이요, 변증학이다. 그리고 그 핵심은 인간은 행복해야하며, 행복하게 할 수 있는 것은 오직 하나님뿐이다. 그러니 하나님을 찾아야 하지 않겠는가!

26 기독교 신앙을 증거하기 전에, 나는 사람들이 그처럼 중대하고 절박한 진리에 대하여 무관심한 채 살아가는 것이 얼마나 잘못된 것인가를 지적할 필요가 있다고 생각한다. 의심할 바 없이 우리가 산다는 것은 한순간에 불과하고 죽음은 영원한 것이다. 따라서 우리의 모든 행동과 사고는 이 영원의 상태가 어떻게 될 것인가에 따라 매우 다른 길을 가게 될 것이기 때문에 우리의 궁극의 목적이 될 이 죽음에 대해 확실하게 하지 않고는 한 걸음도 내디딜 수 없다. *B195-L12*

> **해설** 신앙을 갖게 하기 위해서는 특히 죽음을 생각하게 하는 것이 중요하다는 것을 말하고 있다. 파스칼은 '죽음'과의 대면을 매우 중요하게 생각하고 있다. 죽음은 삶의 끝이다. 인간의 삶의 의미는 끝을 어떻게 생각하느냐에 달려 있다.

27 우리는 아담의 영광스런 상태도, 그가 지은 죄의 본질도, 그 죄가 어떻게 우리에게 전해 내려오는지도 모른다. 왜냐하면, 지금 우리와 전연 다른 상태에서 일어났던 일이요, 이는 우리의 이해력을 초월하는 일이기 때문이다. 우리가 반드시 알아야 할 중요한 일은 우리가 하나님을 떠나 비참하고 타락한 존재라는 것, 그러나 예수 그리스도에 의해 구속되었다는 사실이다. 우리는 이에 관한 놀라운 증거를 땅

위에 가지고 있다. *B560-L14*

[해설] 파스칼 인간론의 기본적인 이해는 성경이 말하는 원죄에서 출발한다는 확신을 가지고 있다. 원죄는 우리의 이성으로 이해할 수 없는 신비이다.

28 사소한 일에 대해 그렇게 민감하면서도, 가장 중대한 일에 대해 이토록 무감각한 것은 얼마나 기묘한 일인가. *B198-L20*

[해설] 인간의 불합리한 모습. 인간은 이해할 수 없는 모순적 존재.

29 결국, 기독교는 다음 두 가지의 진리를 동시에 가르친다. 곧 인간이 만날 수 있는 한 분 하나님이 계신다는 것, 그러나 인간 본성 안에 타락이 있다는 것. 이 두 사실을 함께 아는 것이 무엇보다 중요하다. 또한 자신이 얼마나 비참한 지를 모르고 하나님을 아는 것이나, 이 비참에서 벗어나게 하는 구속자를 모르고 자신이 비참하다는 것을 아는 것은 다 같이 위험하다. 그중 하나만을 알게 된다면, 하나님은 알되 자신의 비참을 모르는 철학자의 교만에 빠지거나, 구속자를 모르고서 자신의 비참함을 안 무신론자의 절망에 빠질 수밖에 없다. 방황하는 자는 이 둘 중의 하나를 보지 못하기 때문에 방황하고 있을 뿐이다. 결국 인간은 자신의 비참을 알 수 있다. 그러나 하나님과 자신의 비참을 동시에 모르고서는 예수 그리스도를 알 수는 없다. 곧 예수 그리스도가 만물의 목적이요, 만물이 지향하는 중심이라는 것을

안 자는 모든 사물의 존재 이유를 깨달은 자다. *B556-L17*

> 해설 중요한 조각글이다. 인간은 하나님을 알기 전까지 비참한 존재다. 그러므로 자신이 비참한 존재임을 알아야 한다. 예수님은 만물의 목적이요 그러므로 예수님을 알 때에 만물의 존재 이유를 알 수 있다.

30 나는 하나님의 존재, 삼위일체, 영혼의 불멸, 그리고 이런 종류의 어떠한 것도 논리로서 증명하려고 애쓰지 않는다. 완고한 무신론자를 설복시키기에 충분한 것을 자연 속에서 발견하리 만큼 나에게 힘이 있다고 생각되지 않기 때문만은 아니다. 오히려 이와같은 지식은 예수 그리스도 없이는 무익하고 헛된 것이기 때문이다.

아브라함의 하나님, 이삭의 하나님, 야곱의 하나님, 기독교의 하나님은 사랑과 위로의 하나님이요, 택하신 자의 영혼과 마음을 채우시는 하나님이요, 인간의 비참과 하나님의 무한한 자비를 알게 하시는 하나님이요, 영혼의 깊은 곳에서 스스로 인간에게 결합하고 영혼을 겸손과 기쁨과 신뢰와 사랑으로 채우시며 그들로 하여금 하나님 이외의 다른 목적을 가질 수 없도록 하시는 하나님이다.

예수 그리스도 없이 하나님을 찾으며 자연 속에 머뭇거리는 자는 누구도 만족을 얻을 만한 빛을 발견하지 못하거나, 중보자 없이 하나님을 알고 하나님께 봉사할 방법을 만들어내어 결국 무신론 아니면 이신론에 떨어지게 마련이다. 기독교는 이 둘을 함께 혐오한다. *B556-L17*

> 해설 인간의 이성으로는 진리에 도달할 수 없다. 오직 예수 그리스도를 통해서만 진리에 도달할 수 있다. 예수 그리스도 없이

하나님을 알 수 없다. 아브라함의 하나님, 야곱의 하나님, 이삭의 하나님이라는 말은 하나님께서 구체적 역사적 인물과 함께 하셨던 분이요, 인간과 가까이 하셨던 분이라는 것을 보여준다.

31 성경을 기록한 자들이 하나님을 증명하면서 자연을 이용하지 않은 것은 놀랄 만한 일이다. *B243-L19*

> 해설 자연을 이용하지 않는다는 말은 논리적이고 이성적인 방법을 가지고 하나님을 증명하지 않는다는 말이다. 성경은 신앙을 위해서 사람의 이성에 호소하거나 설득하려 하지 않는다. 마찬가지로 파스칼은 팡세 어느 곳에서도 하나님을 이성적으로 증명하려 하지 않는다.

32 하나님을 모르는 인간의 비참.
하나님은 아는 인간의 행복.
인간성의 타락, 인간성 자체에 의하여.
구속자가 있다는 것, 성경에 의하여. *B60-L29*

> 해설 간단한 조각글이지만 팡세의 골격이 여기에 담겨 있다. 하나님을 모르는 인간은 비참하다. 하나님을 아는 인간은 행복하다. 인간은 타락되어 있다. 그 타락은 인간 자신의 현실을 보면 알 수 있다. 인간의 비참은 타락으로부터 왔다. 그러나 인간에게 구속자가 있다. 구속자가 있다는 것은 오직 계시인 성경을 통해서 알 수 있다.

33 믿음은 증명과는 다르다. 증명은 인간적이고, 믿음은 하나님의 선물이다. 하나님이 인간의 마음속에 친히 넣어주시는 것이 곧 믿음이다. 가끔 증명이 수단으로 사용될 뿐이다. 이러한 믿음은 '나는 안다'고 말하게 하지 않고, '나는 믿는다'고 말하게 한다. *B248-L30*

> **해설** 파스칼은 믿음을 증명하려고 나선 것이 아니라 증명이 가끔 수단일 수 있다는 차원에서 증명을 시도하고 있다. 결국, 알고 믿는 것이 아니라, 믿음으로 안다.

34 인간을 찬양하기만 한 사람. 인간을 비난하기만 한 사람. 단지 오락을 즐기기만 한 사람. 나는 이들을 다 같이 비난한다. 나는 오직 신음하며 추구하는 사람만을 인정한다. *B421-L39*

> **해설** 인간을 찬양하기만 한 사람은 인간의 위대성만을 본 것이고, 인간을 비난하기만 한 사람은 인간의 비참만을 본 것이며, 오락(심심풀이)에만 빠져 있는 사람은 자신의 문제를 외면한 것이다. 팡세의 글 중에서 내가 좋아하는 구절 중 하나는 '나는 오직 신음하며 추구하는 사람만을 인정한다.'는 조각글이다. 신음하며 추구하지 않는다면 누구도 진리에 도달할 수 없다.

35 참된 종교는 인간이 위대하다는 사실과 함께 인간이 비참하다는 사실을 가르쳐주어야 한다. 자신에게 존경할 만한 것과 멸시할 만한 것이 함께 있고, 그리고 사랑할 만한 것과 미워할 만한 것이 함께 있는 존재임을 보여주어야 한다. *B494-L41*

해설 인간은 위대와 비참, 존경과 멸시, 사랑과 미움이 어우러진 모순적 존재라는 것을 보여 줄 때 참된 종교가 될 수 있다.

36 철학은 깊은 의미에서 무용한 것이다. *B61-L47*

해설 철학은 많은 문제를 제기하고 토론하지만 궁극적으로 인간에게 삶의 해답을 줄 수 없다는 면에서 무익하고 무용하다.

37 따로따로 보면 웃길 만한 것이 없는 닮은 두 얼굴, 그러나 나란히 서면 비슷하다는 이유로 사람들은 웃는다. *B133-L50*

해설 인간의 지식과 판단은 지극히 공허하다. 별것 아닌 것에 울고 웃고 대단한 것처럼 반응한다.

38 세상이 공허하다는 사실만큼 분명한 것은 없는데, 그럼에도 너무도 잘 알지 못하고 있다. 그러기에 위대한 것을 추구하는 것이 어리석은 일이라고 말하면 무슨 이상하고 뜻밖의 이야기라도 듣는 듯하다. 참 기막힌 일이다. *B161-L53*

해설 여기 '위대한 것'이란 부, 명예, 권세를 말한다. 파스칼의 역설적 안목이 기발하다. 세상이 공허하다는 것을 알아야 한다. 헛되고 헛되니 헛되고 헛되도다. 전도서 1장 2절

39 인간의 상태 — 변덕, 권태, 불안. *B127-L61*

> **해설** 인간의 모습을 묘사한 짧은 말이지만 파스칼 인간론의 핵심이다. 이 생각은 현대 실존주의의 키워드가 되었다. 인간은 시시때때로 변하고 권태를 느끼며 불안해한다.

40 사람은 너무 젊으면 올바른 판단을 하지 못한다. 너무 늙어도 마찬가지다. 생각이 부족하거나 지나치면 고집 피우거나 거기에 빠지게 된다. 그림을 너무 멀리에서, 또는 너무 가까이에서 볼 때도 이와 마찬가지다. 적절한 장소라고 할 곳은 오직 한 점이 있을 뿐이다. 그 외의 점은 너무 멀거나 가깝거나 높거나 낮다. 그림 그리는 데 있어서 원근법이 이 점을 결정한다. 그러나 진리와 도덕에서 누가 이 점을 결정하겠는가? *B381-L58*

> **해설** 진정으로 올바른 판단의 절대적인 기준은 무엇일까? 파스칼은 이 기준이 인간 이성이 아니라 오직 예수님만이 기준이 될 수 있다고 말한다.

41 땅에 내리쬐는 햇살과 같이 우리의 기분도 변한다. 날씨는 내 기분과 전혀 상관이 없다. 나는 나 자신 속에 흐린 날과 맑은 날을 가지고 있다. *B107-L753*

> **해설** 인간의 마음은 얼마나 변덕스러우면서 또한 신기한가. 지금 여기서 전개되는 파스칼의 말들은 인간이 얼마나 비이성적인 존재인가를 여러가지 형태로 보여주고 있다.

42 지식의 공허, 사물에 관한 지식은 고민 속에 있는 나의 무지를 위로하지 못한다. 덕에 관한 지식만이 나를 위로해줄 수 있다.

B67-L60

> **해설** 사물에 관한 지식이 수학적, 과학적 지식 즉, 기하학적 정신을 말한다면 덕에 관한 지식은 인간과 인간의 문제, 윤리를 말한다. 즉, 섬세의 정신을 말한다. 파스칼은 자신이 수학적, 과학적 지식 속에서 삶의 만족과 행복을 얻지 못했다. 인간에 대한 지식이 더 중요한 것을 알았다. 그리고 인간에 대한 지식이 자신을 위로해주었다.

43 왕의 권력은 민중의 이성과 어리석음에 기반을 두고 있다. 이 세상의 가장 위대하고 중요한 것이 인간의 결함을 그 기반으로 삼고 있다. 그런데 이 기반이야말로 놀랍게도 견고한 것이다. 왜냐하면, 민중이 약하리라는 사실보다 확실한 것은 없기 때문이다. 그러므로 건전한 이성, 예를 들면 지성인의 판단 위에 기반을 두는 것은 매우 서투른 일이다.

B330-L63

> **해설** 권력, 정치와 같이 세상의 중요한 일들이 이성을 기반으로 서 있는 것이 아니라 오히려 인간의 우매함 위에 서 있는 것을 비꼬아 말하고 있다. 참 아이러니한 일이다.

44 내가 가장 놀라는 것은 아무도 자신의 무지에 놀라지 않는다는 사실이다. *B374-L70*

해설 자신의 무지를 보지 못한다는 말은 인간의 연약성, 부족 등 한계상황을 보지 못한다는 말이다.

45 인간의 온갖 관심사는 부자가 되고자 하는 일이다.

B436-L65

해설 칼 마르크스Karl Heinrich Marx의 『자본론』 중에 "사슴이 신선한 물이 찾아 울듯이 사람은 부를 찾아 울부짖는다", "돈을 모으고자 하는 충동은 본래 무제한적이다"라는 말이 나온다. 인간의 최고 관심사는 부자가 되고자 하는 것이다. 그 때나 지금이나 언제나 인간은 똑같다.

46 우리는 배를 운전할 사람으로 승객 중에서 가장 훌륭한 가문을 가진 사람을 택하지 않는다. *B320-L67, 208*

해설 그런데도 인간의 삶에 결정적 영향을 미치는 왕을 선출하는데 가문이나 장남을 선택하는 일이 얼마나 불합리한가. 이렇게 하는 것이 가장 안전한 방법이기 때문이다. 파스칼이 이런 말을 하는 것은 인간 이성의 불합리성을 말하기 위함이다.

47 잠시 통과하는 마을에서 사람은 굳이 존경받으려고 마음을 두지 않는다. 그러나 잠시라고 머물게 되면 이에 관심을 둔다. 얼마 동안이나? 공허하고 미약한 우리의 삶이 이 세상에 사는 동안.

B149-L68

> **해설** 우리가 이 세상에서 아무리 존경을 받고 산다 하더라도 그것은 별거 아닐뿐더러 또한 매우 짧은 시간일 뿐이다. 이 세상의 삶이란 결국 잠시 통과하는 마을일 뿐이다. 그런데도 우리는 거기에 얼마나 집착하고 있는가.

48 인간의 결함이란 이를 아는 사람보다 모르는 사람 가운데 한결 더 나타난다.

B376-L71

> **해설** 불행한 일이지만 엄연한 역설적 현실이다.

49 이 세상의 공허함을 알지 못하는 자야말로 그 자신이 공허하다.

B164-L73

50 명예에 대한 인간의 집착은 강하다. 명예가 걸려 있는 것이라면 기꺼이 죽음까지라도 무릅쓴다.

B158-L74

> **해설** 그러므로 우리는 다른 사람의 명예를 존중할 줄 알아야 한다. 돈과 명예에 집착하는 인간!

51 실물에는 별로 감탄하지 않으면서 그것이 그림이면 실물과 아주 닮았다는 이유로 감탄한다. 그림이란 실물에 비하여 별것 아닌데도 말이다. *B164-L73*

> **해설** 진짜 실물에는 별로 감탄하지 않으면서 단지 닮은 것만을 보고 놀라는 것을 보면 인간의 판단이란 것이 얼마나 공허한 것인가를 보여준다.

52 사소한 일이 우리를 위로하는 것은 사소한 일이 우리를 괴롭게 하기 때문이다. *B136-L80*

> **해설** 우리의 일상은 사소한 일로 엮어져 있다. 사소한 일이 곧 큰일이다. 결국 이 말도 인간의 무지와 공허한 존재임을 거듭 말한다.

53 상상력이란 인간에게 있어 지배적인 부분이요, 허위와 오류의 주관자요, 더욱이 간사하기 짝이 없다. 나는 바보들에 관해서 말하는 것이 아니다. 가장 지혜로운 사람들에 관해서 말하고 있다. 상상력은 높은 지성을 가진 사람들에게도 그 위력이 대단하다. 이성이 제 아무리 아우성친들 소용없다. 이성은 사물에 가치를 주지 못한다. 이성의 적이요, 이를 통제하고 지배하기를 즐기는 이 교만한 능력은 만사에 있어서 자신이 얼마나 유력한가를 보이려고 제2의 본성을 만들었다. 상상력은 행복한 자, 불행한 자, 건강한 자, 허약한 자, 부유한 자, 가난한 자를 만든다. 상상력은 이성으로 하여금 믿게 하고, 의심

하게 하고, 부정하게 한다. 감각을 마비시키며, 또한 느끼게 한다. 어리석은 자를 만들기도 하고 현명한 자를 만들기도 한다. 그리하여 이 상상력이 이성과는 다른 방식으로 주인들의 마음을 완전한 만족으로 채우는 것을 볼 때 이보다 더 역정 나는 일은 없다. 상상의 힘으로 자신의 능력을 믿는 자는 이성적으로 자신의 능력을 아는 사람보다 훨씬 커다란 자기 만족을 느끼고 있다. 상상력은 어리석은 자를 영리하게 만들지는 못하되 행복하게는 간든다. B82-L81

> **해설** 파스칼은 여기서도 또 다른 종류의 인간 이성의 한계를 말한다. 이성은 상상력 앞에 무력하다. 앞의 여러 조각글에서 보여주듯이 파스칼은 인간 이성이 여러 가지로 그 한계가 있음을 보여준다. 이제, 이성은 상상력에 마구 휘둘린다. 세계적인 독서 연구가인 클리프턴 패디먼Clifton Fadiman은 『평생 독서 계획』에서 "파스칼은 최초의 비체계적인 심리학자"라고 말한다. 아닌 게 아니라 팡세의 여러 곳에서 파스칼의 인간 심리학을 볼 수 있다.

54 상상력 말고도 도대체 무엇이 인간에, 작품에, 법에, 귀족에 명성을 주며 경의를 주겠는가. 땅 위의 온갖 재물도 상상력의 동의 없이는 얼마나 부족한 것이 되겠는가!

어떤 법관이 건전한 이성과 뜨거운 믿음과 경건한 열심을 가지고 예배하러 들어간다. 이때 목사가 나타났다. 그런데 이 목사가 원래부터 쉰 목소리를 가지고 있고 얼굴 생김새가 이상한데다 면도질까지 서투르고 설상가상으로 우연히 더러운 모습을 하고 있다고 하자. 이 목사가 아무리 위대한 설교를 한다 할지라도 내가 확실하게

말하지만, 이 법관께서는 근엄한 모습을 잃고 말 것이다.   *B82-L81*

　해설 인간의 외모는 이성의 판단을 흐리게 한다.

55 이 세상의 가장 위대한 철학자가 필요 이상으로 넓은 널판지 위에 서 있는데, 만일 그 밑에 깊은 바다가 있을 때에는 아무리 그의 이성이 안전을 보장한다 할지라도 그의 상상력은 이성을 휩쓸고 말 것이다. 생각만 해도 얼굴이 파래지고 진땀을 흘릴 것이다.

　목소리의 가락이 가장 현명한 사람에게도 영향을 미치며, 연설이나 시의 효과도 변화시킨다.   *B82-L81*

　해설 상상력의 힘은 아무리 지성이 있는 사람도, 현명한 사람도 이성을 동요시킨다.

56 사전에 충분한 보수를 받은 변호사는 자신이 변호할 사람의 입장을 얼마나 정당한 것으로 생각하겠는가. 또 그의 대담한 몸짓은 재판관들에게 변호사의 변호를 얼마나 옳은 것으로 보이게 하겠는가. 바람따라 나부끼고 어느 곳으로나 휘청거리는 우스운 이성이여!

　가장 현명한 이성까지도 인간의 상상력은 곳곳에 무모하리 만큼 침투하여 자신의 원리로 삼고 있다. 오직 이성만을 따른다고 말하는 자는 미친 사람이라 할 수 있을 것이다. 이성이 상상력을 완전히 정복한 일은 없다. 차라리 반대의 경우가 더 많다.   *B82-L81*

　해설 가장 현명한 이성까지도 인간의 상상력은 곳곳에 무모하리만큼 침투하여 자신의 원리로 삼고 있다.

57 호화스러운 궁전 안에 수많은 경호원에 둘러싸인 왕을 단순한 한 인간으로 보려면 참으로 맑은 이성을 가져야 한다. 우리는 한 변호사가 긴 옷을 걸치고 모자를 쓴 것을 보기만 해도 그가 대단한 사람이라고 어느새 생각한다. *B82-L81*

> 해설 외모의 중요성, 그러니 사람들이 외모에 치중하려 하지 않는가! 좋은 미모를 위한 성형수술, 외제차 타기, 집 안의 아름다운 치장 등. 하나님은 '사람을 외모로 취하지 아니'하셨다. 예수님을 외모로 보았던 유대인들은 예수님을 메시아로 인정하지 않았다.

58 우리는 오류의 또 하나의 원리를 가지고 있다. 병, 병은 우리의 판단과 감각을 해친다. 중한 병이 현저하게 우리의 판단을 변화시킨다면 가벼운 병 또한 그 정도가 다를 뿐이지 작용하리라는 것을 나는 의심하지 않는다. *B82-L81*

> 해설 병도 우리가 이성적으로 생각하는데 방해가 된다.

59 상상력은 모든 것을 마음대로 한다. 상상력은 아름다움을 만들고 정의를 만들며 또한 행복을 만든다. 상상력이야말로 세상에서 가장 좋은 것이다. *B82-L81*

> 해설 팡세의 유명한 조각글의 하나다. 파스칼은 상상력이 얼마나 인간을 움직이는가를 여러 예를 들어 설명하고 있다. 상상력은 그야말로 모든 것을 만들어낸다. 상상력은 인간을 기만하는 으뜸가는 세력이다. 파스칼은 여기에서 그렇게 똑똑한 인간 이성이 상상력 앞에 얼마나 무력한가를 보여주고 있다. 파스칼의 탁월한 통찰을 보여주는 조각글이다. 어쩌면 우리는 이성 보다는 불확실한 상상력에 의해 더 의존되어 있지 않을까!

60 우리 자신의 이해관계도 우리를 기분 좋게 하기도 하고 눈멀게도 하는 신기한 도구다. 아무리 공정한 사람이라 할지라도 자신이 관련된 사건에 재판관이 되는 것은 금지되어 있다. 극히 정당한 사건에 패소하게 된 가장 확실한 요인은 그들의 가까운 친척으로 하여금 사건을 담당토록 한 데 있었다. 인간 오류의 가장 흥미로운 원인은 감각과 이성 사이의 전쟁이다. *B82-L81*

> 해설 파스칼은 계속해서 인간의 이성이 기분, 질병 또는 이해관계에 의해서 방해받고 있음을 보여준다. 이성이 합리적이라 할지라도 이러한 원인들에 의해 이성은 정상적인 작동을 할 수 없다. 그래서 파스칼은 다른 곳에서 "무능한 이성이여 무릎을 꿇어라"고 말한다.

61 인간은 하나님의 은총 없이는 새로워질 수 없는 오류에 가득 찬 존재다. 아무것도 그에게 진리를 보여주지 않는다. 오직 모든 것이 그를 기만할 뿐이다. 감각은 허위의 모습으로 이성을 기만한다. 감각이 정신에 행하는 기만을 이번에는 감각이 정신으로부터 받는다.

B82-L81

해설 감각도 이성에게 서로 영향을 미치고 서로 기만하면서 우리의 판단을 흐리게 한다.

62 이 세상의 가장 고상한 정신을 가진 법관도 주위의 사소한 소음소리를 듣고도 혼란에 빠지지 않을 만큼 초연하지 못하다. 그의 생각을 방해하기 위해서는 굳이 포성이 필요 없다. 바람개비나 코 고는 소리로도 충분하다.

B366-L85

해설 파스칼은 당시에 유행하던 기하학적 정신-이성주의자들을 염두에 두면서 인간의 판단은 이성으로만 되는 것이 아니라 섬세의 정신-마음에 있음을 강조하고 있다. 파스칼은 기하학적 정신과 섬세의 정신을 겸리한 탁월한 사람이다.

63 파리 한 마리가 귓전에서 윙윙거리고 있다. 올바른 판단을 내리지 못하게 하는데 이것으로 충분하다. 만일 그로 하여금 진리를 발견하도록 하기 원한다면, 그의 이성을 어지럽히고 왕국을 다스리는 그의 힘찬 지성을 방해하는 저 벌레를 쫓아라! 보라, 가소로운 신!

B366-L85

해설 참으로 작은 저 벌레와 같은 지극히 사소한 것까지도 인간의 이성적 판단을 흐리게 한다. 이성은 가소로운 신이다.

64 인간의 공허를 충분히 알고자 원하는 사람은 연애의 원인과 결과를 생각해보기만 하면 된다. 사람이 마치 알아볼 수 없을 만큼 사소한 것이 땅과 왕과 군대와 전 세상을 요동케 한다. 만일 클레오파트라의 코가 좀 더 낮았더라면 온 세상이 어떻게 바뀌었을지 모른다.

B162-L90

해설 파스칼의 말 중 가장 널리 알려진 말이다. 하찮고 우연한 것이 세계 역사를 만들고 있음을 보여준다. 인간의 판단이라는 것이 얼마나 공허한 것인가. '클레오파트라의 코'의 비유를 통해 말하는 파스칼의 놀라운 상상력과 통찰력을 보여주는 천재성에 놀란다. 파스칼이 말하는 '섬세의 정신'의 한 예를 본다. 한 여자의 코의 높이에 따라 세계역사가 휘청거린다. '우연'이 세상을 지배하다니!

65 인간이 얼마나 저속한가를 보여주는 것은 명예를 추구하는 것이다. 또한, 명예의 추구야말로 인간이 얼마나 위대한가를 보여주기도 한다. 왜냐하면, 인간이 이 세상에서 아무리 많은 것을 가지고 건강과 안락을 누린다 할지라도 만일 사람들의 존경을 받지 못한다면 만족하지 못할 것이기 때문이다. 이 욕망은 인간의 마음에서 가장 없애기 어려운 성질이다. 인간을 극도로 경멸하고 인간을 짐승과 같다고 말하는 사람들도 역시 칭찬받기 원하고 신임받기 원한다. 결국, 그렇게 생각하는 사람들조차 스스로 모순에 빠진다. *B404-L91*

> 해설 명예의 추구는 허영과 자기자랑의 발로로서 자신의 내적 공허를 은폐하고 다른 사람의 평가로 자신을 정당화하려는 점에서 기만적이다.

66 학문을 깊이 연구한 사람들을 반박할 것, 데카르트. *B76-L92*

> 해설 데카르트1596-1650는 '나는 생각한다. 고로 나는 존재한다'는 말로 유명한 파스칼 당대의 프랑스 사람이고 파스칼과도 교제가 있었다. 그는 합리주의를 체계화한 근대철학의 아버지로서 이후 계몽주의와 합리주의 탄생의 길을 터놓았다. 데카르트는 이성으로 진리에 도달할 수 있다고 주장한다. 프랑스 철학자 장발Jean Wahl이 『프랑스 철학사』에서 "데카르트와 파스칼이 두 양극단의 인물로부터 17세기 프랑스 계몽주의 철학은 막이 오른다"고 말할 정도로 두 사람 사이에는 큰 차이가 있다. 파스칼이 본 데카르트는 반박해야 할 대상일 만큼 사상적으로 큰 차이가 있다. 그런데도 대부분의 철학서에서는 파스칼을 데카르트의 아

류이거나 아예 파스칼을 취급하지 않는 책들이 많다.

67 인간의 마음속에 매우 뿌리 깊이 박혀 있는 것은 다름 아닌 허영이다. 장군도, 사병도, 요리사도, 노동자도 자기를 사랑하며 칭찬해주는 사람을 원한다. 철학자까지도 이를 원한다. 글 쓰는 사람도 훌륭히 썼다는 명예를 얻고자 원한다. 글을 읽는 사람은 읽었다는 명예를 얻고자 원한다. 이렇게 쓰는 나도 아마 그런 희망을 품고 있는지 모른다. 그리고 이 글을 읽을 사람도…. *B150-L94*

> 해설 인간은 칭찬을 받고자 한다. 자기를 칭찬하지 않는 사람을 좋아하는 사람은 없다. 그러므로 좋은 것을 보면 칭찬해주자.

68 동물은 서로 존경하지 않는다. 말은 그의 동료를 칭찬하지 않는다. 그들 사이에 경쟁심이 없기 때문이 아니라 그것이 별로 중요한 결과를 가져오는 것이 아니기 때문이다. 마굿간에서 가장 둔하고 못생긴 말이라고 해서 잘생긴 말에 자리를 양보하지 않는다. 말은 자신을 존중하는 것이 곧 미덕이다. *B401-L96*

> 해설 인간이 명예를 추구하고 다른 사람들로부터 존경을 받으려는 것은 동물과 다른 인간의 위대성을 보여주는 것이다. 그러나 동물은 그런 것에 관심이 없다.

69 인간은 상상을 마음으로 착각한다. 그리하여 회심하려고 마음먹은 것을 회심했다고 믿는다. *B275-L100*

> 해설 상상력과 마음, 또는 기분과 마음 사이에 유사점이 있을 수 있다. 그러나 마음은 상상력이나 기분과는 다르다. 파스칼은 마음이야 말로 하나님을 아는데 중요한 것이라고 말한다. 파스칼은 계속해서 여러 모습으로 이성이 무능함을 말하고 있다.

70 자신만을 사랑하고 자신만을 생각하는 데 인간의 본질이 있다. 그는 위대하고자 원한다. 그러나 보이는 것은 못난 자신이다. 그는 행복하고자 원한다. 그러나 보이는 것은 불행한 자신이다. 그는 완전하고자 원한다. 그러나 보이는 것은 불완전에 가득 찬 자신이다. 그는 뭇사람의 사랑과 존경의 대상이 되고자 원한다. 그러나 혐오와 경멸을 받아 마땅한 자신의 결함만이 보인다. 인간에게 결함이 많다는 것은 하나의 불행임이 틀림없다. 그러나 결함에 넘쳐 있으면서도 이를 인정치 않으려는 것은 더 큰 불행이다. *B100-L99*

> 해설 진정 우리는 얼마나 불완전하고 결함이 많은 존재인가! 우리가 얼마나 결함이 많은 존재인 것을 인정해야 한다.

71 짐승에게 복종하며 이를 섬기기까지 하는 인간의 비천하고 저속함.　*B429-L101*

> **해설** 이집트 사람들과 인도 사람들을 비롯한 많은 나라의 사람들은 사람을 비롯하여 코끼리, 소, 뱀, 원숭이 등 헤아릴 수 없이 많은 동물을 숭배한다. "썩어지지 아니하는 하나님의 영광을 썩어질 사람과 새와 짐승과 기어다니는 동물 모양의 우상으로 바꾸었도다"라고 바울은 말한다. 로마서 1장 23절 인간의 무지와 비참함을 보여주는 극치이다. 인간은 무엇인가 섬기는 존재이다. 칼빈은 이를 '인간은 종교적 존재'라 말했다.

72 사람들은 우리 자신이 원하는 대로 우리를 대해준다. 진실을 미워하면 진실을 덮어버리고, 아첨 받기 좋아하면 아첨하고, 속기를 원하면 속이기 마련이다. 어떤 왕이 전 유럽의 웃음거리가 되고도 자신만은 모를 수도 있으리라. 나는 이러한 사실에 대하여 조금도 놀라지 않는다. 진실을 말하는 것은 듣는 사람에게 유익하지만 말하는 사람에게는 상대방의 미움을 받게 되므로 좋은 것이 아니다. 왕과 함께는 사람들은 그들이 봉사하는 왕의 이익보다 자신의 이익을 더 소중히 여긴다. 따라서 손해를 무릅쓰면서까지 왕을 위하여 직언할 사람은 없을 것이다. 이러한 불행은 신분이 높은 사람일수록 더 크고 보편적일 것이다.　*B100-L99*

> **해설** '손해를 무릅쓴다'는 것은 왕에게 밉보이고 나아가 자기 자리가 위험할지도 모른다는 말이다. 누가 감히 왕에게 대들것인가!

73 이렇듯 인간의 삶이란 끊임없는 환각일 따름이다. 서로 속이며 아첨을 일삼을 뿐이다. 우리가 없는 자리에서 우리의 바로 앞에서처럼 말하는 사람은 하나도 없다. 인간 사이의 결합이란 이 상호 기만 위에 서 있음에 불과하다. 만일 자신이 없는 자리에서 자신에 대하여 친구가 말하는 내용을 알게 된다면 설사 진실하게 사심 없이 말한 것이라 할지라도, 계속될 우정은 거의 없을 것이다. 이처럼 인간이란 자신에게나 다른 사람에게나 기만이요, 위선일 뿐이다. 그는 타인에게서 진실을 듣고자 원하지 않는다. 그는 타인에게 진실을 말하는 것을 피한다. 정의와 진실에서 이다지도 동떨어진 이 모든 인간의 성향은 그의 마음 속에 뿌리 깊이 박혀 있다. *B100-L99*

> **해설** 우리는 서로 거짓된 사랑과 존경을 교환함으로써 피차 자기사랑에 아부하고 살아가는지도 모른다. '이 모든 성향이 그의 마음속에 뿌리 깊이 박혀 있다'는 것은 "의인은 없나니 하나도 없으며…선을 행하는 자는 없나니 하나도 없도다." 로마서 3장 10~12절

74 왼팔은 오른팔이 아니다. *B512-L928*

> **해설** 왼팔과 오른팔은 다르다. 팔이라고 다같은 팔이 아니다. 이 세상의 모든 것은 그것대르의 특수성과 개별성을 가지고 있다.

75 사람을 다스리는 세계의 법을 어떤 기초 위에 세울까? 사람들의 변덕 위에? 그 얼마나 큰 혼란이 일어나겠는가! 정의 위에? 그러나 그들은 정의를 모른다. 위도 3도의 차이가 온갖 법률을 뒤엎으며, 자오선 하나가 진리를 결정한다. 만들어진 지 얼마 되지 않는 기본법이 바뀐다. 권리에도 기한이 있다. 한줄기의 강을 사이에 두고 정의가 달라지니 이 얼마나 우스운 일인가. 피레네 산맥 이쪽에서는 진리인 것이 저쪽에서는 오류다.

어떤 사람이 강 저편에 살고 있고, 그의 왕이 나의 왕과 싸우고 있다는 이유로, 그와 나와는 아무런 다툼이 없음에도 나를 죽일 권리가 그에게 있다니 이 얼마나 우스꽝스러운 일인가.

법은 곧 법이다. 그 이상의 아무것도 아니다. 법의 근거를 알기를 원하는 사람은 그것이 너무나도 미약하고 별것이 아님을 알아야 할 것이다. 그러기에 현명한 통치자들은 민중의 행복을 위하여 이따금 인간을 속일 필요가 있다고 말하였다.

B294-L108

해설 인간이 옳다고 말하는 것이 인간의 변덕에 기초하고 있으며 법이 얼마나 상대적인가를 말하고 있다. 파스칼의 정치와 법에 대한 생각은 인간론에 기반을 두고 있으며 상당히 비관적이다. 인간을 다스리는 법과 정의란 보편적인 것이 아니라 나라마다 상황에 따라 서로 다른 것이라니 얼마나 불합리한 것인가? 파스칼은 팡세에서 인간의 내면만을 말하는 것이 아니라 사회적 주제에 대하여도 말한다.

76 어찌하여 나를 죽이려는가? 무슨 소리!
당신은 강 저편에 살지 않는가? *B293-L88*

> 해설 정의와 부정, 합법과 불법은 산, 한줄기의 강에 의해 결정된다. 이것 또한 인간 이성이 얼마나 불합리한가를 보여준다. 예를 들어 우리나라의 38선 이남과 이북을 생각하면 더욱 분명해진다.

77 지나치게 자유로운 것은 좋지 않다. 필요한 모든 것을 갖는 것도 좋지 않다. *B379-L105*

> 해설 인간은 자유를 추구한다. 결국 무한한 자유를 추구하게 되며, 결국 허무주의에 이른다

78 어려서부터 칭찬을 듣는 것은 해롭다. "아이! 훌륭하게 말했다! 아이! 훌륭하게 했다. 참으로 똑똑하다!" 등 *B151-L111*

> 해설 어려서부터 듣는 칭찬은 결국 교만에 빠지게 한다. 파스칼 자신이 누구보다 어려서부터 칭찬을 많이 받고 자란 경험에서 한 말이다. 그러므로 칭찬을 하되 지혜롭게 해야 할 것이다.

79 "이 개는 내 것이다."

가엾은 이 아이들은 이렇게 말하였다.

"이것은 내 햇볕 자리다."

이것이 곧 온 땅 위에서의 싸움의 시작이요 모습이다.

B295-L112

> **해설** 파스칼의 불평등 기원론이다. 인간 사이에 불평등이 있는 것은 힘있는 사람이 먼저 차지하고 말뚝 박는 것부터 시작된다는 루소Jean-Jacques Rousseau의 『불평등 기원론』이 생각난다. 루소는 파스칼의 영향력을 받은 사람이다.

80 인간은 하나의 전체다. 그러나 이를 해부하면 무엇이 되겠는가? 머리, 심장, 위, 혈관들, 하나의 혈관, 혈관의 각 부분, 혈액, 혈액의 액체가 아니겠는가.

B115-L113

> **해설** 인간은 나누어질 수 없는 하나로서 존재한다. 심장이 나쁜 것은 심장이 아픈 것이 아니라 그 인간이 아픈 것이다. 현대 의학에서 내과, 이비인후과, 안과, 정신과 등으로 분류하는 것은 얼마나 어리석은 일인가? 안과에서는 오로지 눈만을 본다. 의학이 발달할 수록 더욱 인간은 전체를 보는 것이 아니라 부분으로 나누어 보려한다.

81 민중에게 법은 정당한 것이 아니라고 말하는 것은 위험한 일이다. 그들이 법에 복종하는 것은 오직 법이 정당하다고 믿기 때문이다. 법은 법이기 때문에 복종해야 한다는 것을 함께 말해주어야 한다. 마치 어른에게 복종하는 것은 그들이 옳기 때문이 아니라 단순히 어른이기 때문인 것처럼. 이렇게 함으로써 모든 반란은 예방될 수 있다.

B326-L114

해설 파스칼이 살았던 사회 정치적 상황은 매우 혼란스러웠다. 참혹한 30년1618~1648 속에서 살았다. 폭동과 내란, 전쟁 등이 잦았다. 파스칼은 다른 곳에서 "내란은 최대의 비극이다"라고 말한다. 그러나 파스칼이 현실을 그대로 받아드리는 것은 기존질서와 체제에 대한 이념적 동의에서가 아니라 그 이면에는 가장 강렬한 거부가 깔려있다고 루시앙 골드만Lucien Goldmamm은 그의 저서 『숨은 신』에서 말하고 있다.

82 나는 내가 저기에 있지 않고 여기에 있는 것에 무서움과 놀라움을 느낀다. 왜냐하면, 저기 아닌 여기에, 다른 시간이 아닌 이 시간에 있어야 할 아무런 이유가 없기 때둔이다. 누가 나를 하필 이 자리에 있게 하였는가? 누구의 명령과 지시로 내가 지금 여기에 있게 되었는가?

B205-L116

해설 파스칼은 "내가 지금 여기 존재한다"는 사실에 대하여 놀라고 두려워하기까지 한다. 내가 지금 여기 존재한다는 사실이 얼마나 놀랍고 신비한 일인가! 파스칼의 깊은 자기의식을 보여준다. 이 조각글은 '섬세의 정신'을 보여주는 전형적인 글이다.

83 현재의 쾌락이 거짓이라는 느낌, 아직 경험하지 못한 쾌락의 공허를 모르는 무지, 이것이 변덕의 원인이다. *B110-L121*

> [해설] 현재의 쾌락에 만족하지 못하면서 또다시 새로운 쾌락을 좇는다. 왜냐하면, 그것이 얼마나 공허한지를 모르기 때문이다. 왜 인간은 이토록 미련한가!

84 구약성경의 전도서는 하나님 없는 인간이 얼마나 무지하며 얼마나 불행한 존재인지를 보여준다. 인간은 행복하고자 원하고 진리를 확인하고자 원한다. 그러나 알 수도 없거니와 알려는 욕망을 버릴 수도 없다. 원하면서도 행할 수 없음은 얼마나 불행한 일인가.

B389-L123

> [해설] "내가 하나님의 모든 행사를 살펴 보니 해 아래에서 행해지는 일을 사람이 능히 알아낼 수 없도다 사람이 아무리 애써 알아보려고 할지라도 능히 알지 못하나니 비록 지혜자가 아노라 할지라도 능히 알아내지 못하리로다" 전도서 8장 17절

85 이성은 아직 아무런 확실한 것도 발견하지 못했다고 고백할 때에야 합리적이라 할 수 있다. *B73-L124*

> [해설] 이성이 할 수 있는 가장 합리적인 태도는 자신의 한계를 인정하고 자신을 초월하는 것이 무한히 많다는 것을 인정할 때다. 파스칼은 이성을 부정하는 것이 아니라 이성이 한계가 있음을 알아야 할 것을 여러 곳에서 말한다.

86 우리는 진리를 원한다. 그러나 우리 안에 발견하는 것은 불확실 뿐이다. 우리는 행복을 추구한다. 그러나 발견하는 것은 비참과 죽음 뿐이다. 우리는 진리와 행복을 원한다. 그러나 확실성도 행복도 가질 능력이 없다. 인간은 스스로 진리와 행복을 찾을 수 없다. *B437-L125*

> 해설 인간은 이토록 모순되고 비참한 존재다.

87 욥과 솔로몬은 인간의 비참을 가장 잘 알았고 가장 훌륭하게 표현하였다. 한 사람은 가장 불행한 사람으로, 또 한 사람은 가장 행복한 사람으로. 욥은 불행의 실체를 알았으며 솔로몬은 경험을 통하여 쾌락의 공허를 알았다. *B174-L126*

> 해설 욥이 쓴 욥기와 솔로몬이 쓴 전도서의 내용을 말한다.

88 인간은 미친 존재다. 미치지 않은 것은 결국 다른 형태로 미쳤다는 점에서 역시 미친 것이다. *B414-L127*

> 해설 인간은 저마다 나름대로 미쳐 있다. 미셸 푸코의 저서 『광기의 역사』는 파스칼의 이 구절을 인용하면서 시작한다. 특히 프랑스의 철학자나 문학가들이 광세의 글들을 자주 인용하는 것을 볼 수 있다.

89 사람은 의식 없이는 비참하지 않다. 황폐한 집은 비참하지 않다. 자신이 비참함을 아는 것은 오직 인간뿐이다. *B399-L129*

해설 인간만이 스스로 자신이 비참한 존재임을 안다는 위대한 존재다.

90 우리의 비참을 위로해주는 유일한 것은 오락이다. 그러나 오락이야말로 인간이 얼마나 비참한 존재인가를 무엇보다 잘 보여주는 것이다. 왜냐하면, 오락은 우리 자신에 대하여 생각하는 것을 가로막으며, 우리로 하여금 모르는 사이에 멸망으로 향하게 하기 때문이다. 오락이 없다면 우리는 권태에 빠질 것이다. 이 권태는 거기에서 빠져나오려고 또 여러 방법을 찾을 것이다. 그러나 이 오락이 우리를 즐겁게 해주는 사이에 우리는 죽음에 이르게 된다. *B171-L128*

해설 파스칼의 인간 이해에서 중요한 것 중 하나인 '오락'론 또는 '시간죽이기'론이다. 인간은 무엇인가 심심풀이가 없으면 살 수 없다. 그러나 이 심심풀이야말로 인간 소외의 극치다. 인간은 권태를 해결하기 위해 심심풀이를 만들어 냈고, 그런 면에서 인간이 만든 모든 것은 심심풀이 중 하나다. 이것이 인간의 비극이다.

91 나는 다음과 같이 고백한다. 인간의 본성이 타락하고 하나님에게서 멀리 떨어져 나왔다는 사실을 성경을 통해 알자마자 눈을 뜨게 되었고 진리의 표시가 곳곳에 있음을 보게 되었다. 인간의 안과 밖 여

기저기 하나님을 상실한 인간의 모습과 타락한 본성을 보게 되었다.
B441-L130

해설 파스칼 인간론의 핵심 중 하나는 원죄론에 근거하고 있고 이것이 성경에 의한 것임을 말하고 있다. 파스칼은 원죄 없이는 인간을 이해할 수 없다고 말한다. 키에르케고르가 『불안의 개념』에서 아담을 "그 자신이자 인류이다"라고 규정하고 아담을 최초의 인간이자 '인간의 원형'이라 했다.

92 날마다 일어나는 일은 그 원인을 모른다 해도 별로 놀라지 않는다. 그런데 한 번도 본 적이 없는 일을 보면 놀라게 된다. B90-L133

해설 일상적인 일 가운데 놀라운 사실이 있음을 알아야 한다. 사과나무에서 사과가 떨어지는 것을 보고 만유인력의 법칙을 발견한 뉴턴Isaac Newton은 위대한 사람이다.

93 자아에는 두 개의 성질이 있다. 곧 자아는 모든 것의 중심이 되고자 하기 때문에 그 자체에서 불의하며, 타인을 예속시키려는 점에서 그들에게 불쾌한 것이 된다. 결국, 자아는 자신에게 적이요, 다른 모든 사람에게는 폭군이 되고자 한다. B455-L141

해설 자아란 철저한 자기중심적인 인간을 말한다. 여기서부터 온갖 대립, 반목, 증오, 투쟁이 시작된다. 정치, 경제, 문화, 예술은 성경적 인간론을 전제해서 검토되어야 한다.

94 상상력은 작은 것을 터무니없이 확대하기도 하고 큰 것을 어이없이 축소하기도 한다. *B84-L138*

해설 상상력에 의해 터무니없이, 어이없이 휘어지는 인간 이성의 모습이다.

95 나는 같은 일에 대하여 정확히 똑같이 판단한 적이 없다.

B114-L983

해설 인간 이성의 한계를 보여줌과 동시에 세상에는 똑같은 일이 없다는 것을 보여준다.

96 나의 생각을 적어두려고 하면 그것이 도망쳐버릴 때가 있다. 이것은 내가 얼마나 잊어버리기를 잘하는지 자신의 연약함을 알게 한다. 나는 나 자신이 얼마나 별것 아닌 존재라는 것을 안다.

B372-L146

해설 팡세는 뜨겁고 진지하게 살아간 파스칼 자신의 경험의 산물인 것을 알아야 한다. 인간 기억의 한계를 말하고 있다. 천재 파스칼이 이렇게 말할 정도니 보통 사람에게 있어서랴. 파스칼은 팡세를 쓰기 위해서 메모하고 있는 중에 기록해 놓지 않아 생각한 내용을 잃어버린 경험을 말하고 있다.

97 자기가 먹칠한 얼굴을 보고 무서워하는 어린아이들, 이는 어린 아이들의 일이다. 그러나 어릴 때에 이처럼 약했던 것이 성장했다고 해서 강해질 수가 있을까? 환상이 달라졌을 뿐이다. 진보에 의해서 완성된 모든 것은 진보에 의해서 망한다. 약했던 모든 것은 결코 절대적으로 강해질 수 없다. 그는 성장했다. 변했다고 아무리 말한들 소용없다. 그는 여전히 똑같은 사람일 뿐이다. *B88-L153*

> [해설] 세월이 지났다고 해서 인간이 변할 수 없다. 그 무엇으로도 인간 자체는 변할 수 없다. 인간은 결코 변할 수 없다는 사실을 아는가! 괴테가 말한대로 "인간성은 진보하지만, 인간은 진보할 수 없다." 그러므로 현대 과학문명의 이기는 오히려 인간을 해치는 것이 될 것이다. 세계에 대한 비판이 깔렸다. 이성의 시대에 들어오면서 이성의 시대가 어떻게 될 것인지 예감하는 파스칼. 오늘 현실을 보면 400년 전에 파스칼의 예감은 맞았다고 볼 수 있다.

98 호기심은 허영에 불과하다. 흔히 알고자 하는 것은 이를 말하기 위해서일 뿐이다. 그렇지 않으면 바다를 여행할 사람은 없을 것이다.
B152-L157

> [해설] 호기심은 사람의 행동을 불러일으키는 큰 동기 중 하나다.

99 무엇에든 열중하는 일 없이 가만히 있는 것처럼 인간에게 견디기 어려운 일은 없다. 그때 인간은 자신의 허무, 자신이 버림받았다는 생각, 자신의 부족, 자신의 부자유, 자신의 무력, 자신의 공허를 느낀다. 이윽고 그의 영혼 밑바닥에서 권태, 우수, 비애, 고뇌, 원한, 절망이 솟아난다.

B131-L160

[해설] 인간은 조용히 있을 때 자기 자신과 만난다. 인간은 오래 쉬기를 원하지만 결코 오랜시간을 쉬는 것은 견디기 어려운 일이다. 이것을 아는 것은 인간이 얼마나 비참한지를 아는 것이다. 앞에서 말한 오락론심심풀이론, 시간죽이기 즉 TV, 바둑, 영화, 신문 보는 것, 책 보는 것, 극장에 가는 것, 직장에서 일하는 것 등 모두 인간에게는 오락이다. 만약 이런 것들을 없애버린다면 사람은 살 수 없을 것이다. 이것이 파스칼의 인간이해 중 '오락론'이다.

100 우리의 본성은 운동에 있다. 전적인 휴식은 죽음이다.

B129-L163

[해설] 오락과 운동 사이에 깊은 관련이 있다. 가만히 있을 수 없기에 심심풀이 즉, 운동을 추구한다.

101 존경이란 부자유를 참는 것이다. 만일 존경이 안락의자에 앉는 것처럼 쉬운 것이라면 사람은 누구를 막론하고 존경할 것이요 따

라서 특별할 것도 없을 것이다. 그러나 존경이 부자유를 참는 일이니만큼 쉽사리 구별된다. *B317-L170*

> 해설 어느정도 존경하는 사람 앞에서 참는 것은 존경의 표시이다. 부자유함이 없이 존경한다고 말할 수 없다.

102 참된 지혜는 우리를 어린다이가 되게 한다. *B271-L172*

> 해설 참된 지혜는 우리를 혹잡하게 하는 것이 아니라 갈수록 단순하고 순수하게 만든다. "너희가 돌이켜 어린아이들과 같이 되지 아니하면 결단코 천국에 들어가지 못하리라" 마태복음 18장 3절

103 지식에는 서로 맞닿는 두 개의 극단이 있다. 하나의 극단은 모든 사람이 태어나면서 갖는 본래의 순전한 무지다. 또하나의 극단은 위대한 정신이 도달하는 무지다. 그것은 인간이 알 수 있는 모든 것을 거친 다음 자신은 아무것도 알지 못함을 깨닫게 되어, 결국 출발하던 때와 같은 무지로 돌아온다. 그러나 이는 스스로를 아는 현명한 무지다. 본래의 무지에서 벗어나기는 하였으나 또하나의 무지에 이르지 못한 자들은 자기를 만족하는 지식에 물들어 모든 것을 아는 체한다. 이런 사람들이 세상을 어지럽히며 만사에 그릇된 판단을 한다.

B327-L173

> 해설 인간이 진정으로 아는 때는 스스로 아무것도 모른다고 말할 때다.

104 다수결은 최선의 방법이다. 그것은 확실하게 사람을 복종시키는 힘을 가지고 있기 때문이다. 그러나 그것은 가장 현명치 못한 사람들의 의견이다. 가능했다면 사람들은 권력을 정의의 손에 쥐게 했을 것이다. 그러나 권력은 그것 자체가 분명한 힘이기 때문에 마음대로 할 수 없고, 정의는 누구나 인정하는 정신적인 힘이기 때문에 결국 인간은 정의를 권력의 손에 쥐게 한 것이다. 그리하여 정의는 권력의 지시에 따르게 되었다. *B878-L175*

> 해설 파스칼이 산 시대는 처참한 30년 전쟁1618~1648을 역사적 배경으로 하고 있다. 다수결이 권력을 만들고 권력은 정의까지 만든다. 다수결과 권력이 있는 곳에 정의가 있다. 그러나 정의와 진리는 다수결로 되는 것이 아니다. 결국, 인간은 진정한 정의가 무엇인지 모르기 때문에 힘에 의지하게 되었다.

105 대법관은 근엄하며 갖가지 장치를 몸에 붙인다. 그의 지위가 허위의 것이기 때문이다. 왕은 그렇지 않다. 그는 힘을 가지고 있으며 구태여 상상에 호소할 필요가 없다. *B307-L177*

> 해설 대법관은 왕으로부터 주어진 권위라는 면에서 허위지만 왕은 그 자신이 권위와 힘의 근원이기 때문에 자신을 치장할 필요가 없다. 북한의 최고 지도자는 옷에 치장하지 않지만 그 밖에 지도나는 온 몸에 많은 훈장 등으로 치장하고 있다.

106 옷차림, 이것은 하나의 힘이다. 훌륭한 마구를 걸친 말이 그렇지 않은 말과 비교될 때도 이와 마찬가지다. *B315-L179*

해설 인간이 얼마나 허구여 찬 존재인가를 보여준다. 이처럼 본질적인 것이 아닌 것에 집착하는 인간을 보면 인간이 얼마나 공허한 존재인가를 알게 된다. 토마스 카일라일Thomas Carlyle의 『의상철학』이 생각난다.

107 가문이란 개인이 지닌 우월이 아니라 우연히 베푼 우월일 뿐이다. *B337-L180*

해설 가문이 좋은 사람이. 옳고 위대한 사람인 것과 무슨 상관이 있는가? 이것 또한 공허한 인간 모습의 일면이다. 대한항공 부사장이었던 40세에 불과한 조현아 씨의 땅콩 회항 사건2014은 이런 부류의 전형적인 인간이다. 이 얼마나 불합리한 일인가.(117조각글 참조)

108 정正에서 반反에의 끊임없는 반전. *B328-L183*

해설 인간은 끝없이 옳음과 그름의 변증법적 사이에서 헤맨다.

109 일꾼을 많이 거느린 사람일수록 더욱 강자이고 잘 차려입은 옷차림은 자신의 힘을 과시하는 것이다. *B316-L185*

> 해설 아름다운 옷과 세련된 말을 하는 여자가 훌륭한 사람은 아니다. 큰 교회당과 많은 교인들이 있는 교회의 목사라고 해서 훌륭한 목사는 아니다. 그러나 사람들은 어느새 그런 것에 판단력을 잃어버린다. 오, 이성의 불합리함이여!

110 사람이 만들어내는 갖가지 아름다움은 인간의 결함으로부터 생긴 것이다. *B329-L186*

> 해설 '갖가지 아름다움'은 인간이 이루어놓은 결과물을 말하는데 이것은 인간의 결함에서 나온 것이요, 단지 인간의 결함을 가리려는 것뿐이다. 마치 향수로 나쁜 냄새를 제거하려 하듯이. 향수는 원래 나쁜 냄새를 제거하기 위해 만들어졌다.

111 욕망과 힘은 우리 모든 행위의 근원이다. 욕망은 자발적인 행위를, 그리고 힘은 강제적인 행위를 하게 한다. *B334-L187*

> 해설 그러나 욕심과 힘은 인간 이성에 근거한 것이 아니다. 그럼에도 욕망과 힘은 인간행위의 근원이다. 팡세의 모든 조각글들은 오직 예수, 오직 성경을 전하기 위해서 씌어졌다는 사실을 알아야 한다.

112 절름발이는 우리를 기분 나쁘게 하지 않는데, 절름발이 정신이 우리를 기분 나쁘게 하는 것은 무슨 까닭인가. 머리가 아프다는 말을 남에게서 들어도 왜 우리는 화내지 않는가. 그런데 잘못 생각한다거나 잘못 선택한다는 말을 들으면 왜 화를 내는가. 그 이유는 이렇다. 머리가 아프지 않다는 것, 절름발이가 아니라는 것은 지극히 확실하다. 그러나 정신이 올바른지 아닌지는 확실하지 않기 때문이다.

B80-L188

[해설] 우리의 정신, 이성이 얼마나 불확실하고 애매한가를 말한다.

113 인간은 바보라는 말을 되풀이해서 들으면 어느덧 그렇게 믿기 마련이며, 자기가 자신을 향해서 그렇게 말해도 반드시 이를 믿게 마련이다. 왜냐하면, 오직 인간만이 내적 대화를 하기 때문이다. 그러므로 우리가 진리이신 하나님과 더불어 대화를 나누어야 한다. 이렇게 함으로써 우리는 진리를 깨닫게 되기 때문이다.

B536-L189

[해설] 오직 인간만이 스스로 묻고 스스로 대답할 수 있는 존재다. 최고의 대화는 하나님과의 대화 속에서 이루어지며 하나님에게까지 도달할 수 있다. 하나님과의 대화는 기도를 말한다. 우리는 자신에 대하여 좋은 자화상과 자존감을 가져야 한다.

114 힘없는 정의는 무력하고, 정의 없는 힘은 폭력이다. 힘없는 정의는 반대를 당하고, 정의 없는 힘은 비난을 받는다. 따라서 정의와 힘을 동시에 갖추어야 한다. 그러기 위해선는 정의가 강해지거나, 강한 것이 정의가 되어야 한다. 정의는 반대를 받기 쉽고 힘은 쉽게 승인되고 반대를 받지 않는다. 이리하여 정의를 힘있게 할 수 없기 때문에 사람들은 힘 있는 것을 정의라고 말한다. *B298-L192*

> 해설 이것이 정치세계에 일어나는 모순이다. 역사를 기억하라! 불의한 사건들과 쿠데타를 어느새 인정하고 세뇌되는 어리석은 민중을 보라.

115 그들은 군중 속에 숨어 다수에 의지한다. *B260-L790,374*

> 해설 다수라는 이름으로 저질러지는 잘못들이 얼마나 크고 많은가. 많은 사람들은 익명 속에 살아간다.

116 양심의 이름으로 행하여지는 악만큼 확실하고 잔인하게 저질러진 것은 없다. *B895-L813*

> 해설 악한 일들이 양심의 이름으로, 하나님의 이름으로 자행되고 있다니 이 얼마나 안타까운 일인가! 특히 '종교전쟁'을 보면 잘 알 수 있다.

117 귀족의 신분으로 태어나는 것은 큰 이득이다. 18세에 성공의 길이 열리고 이름이 알려지고 존경받는다. 다른 사람 같으면 50세가 되어서나 그렇게 될 수 있을지 모른다. 수고 없이 30년의 덕을 본다.

B322-L193

해설 이토록 세상은 부정의하고 불합리하다. 가문을 잘 태어난다는 것이 얼마나 큰 행운인가.

118 습관은 우리의 본성이다. 신앙이 습관화된 사람은 그것을 믿고, 습관은 일상생활 속에서 큰 위력을 가진다. 반복을 통해 자연스럽게 받아들여지고 정당성이 인정된다. 우리의 본성이라는 것도 습관에 의해 어느새 형성된 것이다. 지옥을 무서워하게도 하고 또 다른 것을 믿지 않게도 한다.

B89-L194

해설 습관의 힘은 무시할 스 없는 큰 힘이다.

119 힘이 이 세계의 지배자다. 여론이 아니다. 힘이 여론을 이용한다.

B303-L197

해설 권력이 필요한 여론을 만들어낸다. 인간의 불합리한 현실을 표현한 말이다. 다행히도 몇 백 년 동안 피의 투쟁으로 민주화되면서 여론의 힘이 권력을 이길 수 있게 되었다. 그러나 아직도 우리나라는 유시민씨가 말한 대로 『후불제 민주주의』다. 아직도 치러져야 할 고통이 남아있다. 우리는 국가의 정보조작에 의해 자기도 모르게 속아 넘어간다. 그것을 볼 줄 아는 사람이 되어야 한다.

120 여론과 상상력에 의한 통치는 어느 기간 동안 지배할 수 있다. 이러한 통치는 부드럽고 자발적이다. 그러나 힘에 의한 통치는 영원히 계속된다. 이와같이 여론은 세상의 여왕이지만 힘은 세상의 폭군이다. *B311-L200*

해설 여론과 힘을 대비시키면서 세상은 여론보다는 오히려 힘으로 유지되는 현실을 말하고 있다. 군대의 힘, 정보정치는 오늘날 국가가 조작하고 만들어내는 폭력이다.

121 몽테뉴는 잘못 생각하고 있다. *B325-L195*

해설 파스칼은 다른 곳에서도 "몽테뉴의 잘못은 크다" *B63-L936* 고 말한다. 파스칼이 살고 있었던 당시 프랑스의 정신적 풍토는 관대하고, 유쾌한 교제를 즐기며 다른 사람의 종교를 존중하되 광신과 이성적 독단을 싫어하지만, 인간의 가치와 다양성을 믿는 세련된 회의주의자가 만연하고 있었다. 이들을 대표하는 사상가가 바로 『수상록』으로 유명한 몽테뉴1523-1592다. 그는 파스칼보다 한 세대 먼저 산 사람으로 당시 프랑스에서 가장 존경받는 사상가요 지성인이었다. 몽테뉴는 이성으로 알 수 없다는 사실을 알고 회의주의로 도망쳐 버린다. 팡세에 몽테뉴의 인용이 많이 나올 정도로 그를 알고 영향을 받았으나 여전히 회의하고, 자기에서 도피하는 ㅈ성의 비굴함을 보면서 몽테뉴에게 한 말이다. 앞에서 파스칼이 데카르트에 대해 한 말과 함께 간단한 표현이지만 몽테뉴와 파스칼의 대조를 잘 보여주는 말이다.(168조각글 참고)

122 무슨 까닭으로 다수를 따르는가. 그들이 보다 정당하기 때문인가? 아니다. 보다 힘이 강하기 때문이다. 무슨 까닭으로 옛 법률과 의견을 따르는가. 더 건전하기 때문인가? 아니다. 그것이 강한 힘으로 의견 대립의 뿌리를 제거해주기 때문이다. *B301-L201*

[해설] 우리는 무슨 일에든지 파스칼과 같이 근본적인 질문을 던질 수 있어야 한다. 국가를 통치하고 있는 것은 다수도 아니고, 정당하기 때문에도 아니다. 힘이 있기 때문이다. 다수를 통해 이루어지는 민주주의는 과연 옳은 것일까?

123 시간은 고통과 싸움을 가라앉힌다. 시간이 가면 사람이 변하기 때문이다. 이제 같은 사람은 아니다. 해를 끼친 자나 해를 입은 자나 이제 같은 사람은 아니다. *B122-L206*

[해설] 시간 속에서 모든 것은 변하기 마련이다. 이 말은 모든 것이 상대적이라는 말이다. 그러므로 조금 참고 기다리는 마음을 갖자.

124 앵무새는 주둥이가 깨끗해도 그것을 다시 닦는다.

B343-L211

해설 짐승의 모든 행위는 본능적이다. 앵무새는 마치 자동기계와 같다.

125 그는 십 년 전 사랑하던 사람을 이제 사랑하지 않는다. 있음직한 일이다. 이제 같은 사나이도 아니고 같은 여인도 아니다. 그도 늙었고 여인도 늙었다. 이제 전연 딴 여인이다. 옛날과 다름없다면 아직도 사랑하련만.

B123-L924

해설 사람은 시간 속에서 변한다.

126 한 나라를 통치하기 위하여 왕의 장남을 선택하는 일보다 비합리적인 일이 어디 있겠는가. 배를 지휘할 사람으로 가문이 가장 훌륭한 사람을 선택하지 않는다. 얼마나 우습고 불합리한가. 가장 덕 있고 가장 유능한 사람을 누가 그런 식으로 선출하겠는가. 우리 사이에는 당장 싸움판이 벌어질 것이요, 제각기 자기야말로 가장 덕 있고 가장 유능한 사람이라고 주장할 것이다. 그러니 이 자격을 무엇인가 이론의 여지 없는 것에 결부시키도록 하자. 왕의 장남으로 하자. 그것은 명백하다. 시비의 여지가 없다. 이성적으로 본다면 이보다 더 잘할 수가 없다. 왜냐하면, 내란이야말로 최대의 재난이기 때문이다.

B320-L208

해설 이렇게 불합리한 것이 합리로 인정될 수밖에 없는 것이 인간의 현실이다. 이토록 이성은 무능하다. 왜냐하면 정확한 기준이 없기 때문이다. 배를 지휘할 사람은 누가 가문이 좋다고 선택할 것인가!

127 우리가 기쁨을 느끼는 것은 무엇인가? 손인가, 팔인가, 살인가, 피인가. 물질로 되어 있는 것이 아닌 어떤 것임이 틀림없다.

B339-L212

해설 인간 이성, 인간 정신의 위대함을 말한다.

128 우리는 진리를 이성에 의해서 뿐만 아니라 마음에 의해서도 인식한다. 우리가 사물의 기본원리를 아는 것은 마음에 의해서다. 그러므로 기본원리를 이해하는 것과 전혀 상관없는 이성이 이를 반박하려 하는 것은 쓸데없는 일이다. 마음이 공간, 시간, 운동, 수 등 기본원리를 아는 것은 우리가 이성을 통해 아는 것 못지않게 견고하다. 이와같이 이성이 의지하고 기반을 두는 모든 논의는 마음과 본능으로부터 오는 지식이다.

B282-L214

해설 파스칼은 사물의 인식에서 '이성'과 함께 '마음'이 있다고 말한다. 파스칼은 인간의 이성을 한없이 높이면서도 이성의 한계를 말함과 동시에 진리를 아는 데는 '마음'으로만 가능하며 '마음'을 '이성'의 능력보다 더 높은 것으로 보고 있다. 파스칼은 여기 '마음'을 섬세의 정신이라그도 말한다.

129 우리의 모든 추리는 결국 감정에 의해 굽혀지기 마련이다. 감정과 비슷해보이는 기분이 있는데 이는 감정과는 전혀 다른 것이다. 그러나 사람들은 이 두 가지의 차이를 잘 구별하지 못한다. 어떤 사람은 자기의 감정을 기분이라고 말하는가 하면 어떤 사람은 자기의 기분을 감정이라고 말한다. 우리는 기준이 있어야 한다. 결국, 이성이 유용한 기준으로 등장하지만, 이성은 여러 방향에서 굽혀지기 마련이다. 결국 기준이란 없다. *B274-L2*

> 해설 기하학적 정신과 이성, 섬세의 정신과 감정이 서로 상관관계가 있다. 이성이 큰소리를 치고 그럴 듯하게 보이지만 결국 인간은 감정에 의해 움직인다. 현대심리학은 인간의 감정을 중요시하며 크게 주목하고 있다.

130 우주는 공간으로 나를 에워싸고 마치 한 점과 같이 둘러 삼킨다. 그러나 생각함으로써 나는 우주를 포용한다. *B348-L217*

> 해설 인간이 이성적인 존재라는 것이 얼마나 놀라운 일인가! 우주에 비하면 한 점에 불과한 인간이 끝없는 우주 공간을 생각하는 파스칼의 직관력과 상상력.

131 마음의 직관을 통하여 신앙을 가진 자는 행복할 뿐만 아니라 참으로 바르게 확신하는 것이다. 그러나 신앙이 없는 사람에게는 이성을 통해서 설명할 수밖에 없으며, 하나님께서 마음의 직관을 통하여 주실 것을 기대할 수밖에 없다. 직관 없는 신앙은 한낱 인간적인

것이요 구원을 위하여 전혀 무익한 것이다. *B282-L214*

> **해설** 신앙은 오직 마음을 통해서만 알 수 있고 가능하다. 파스칼 특유의 관찰이다. 파스칼은 인간의 이성의 대조로써 마음을 말하고 있다. '마음'은 신앙을 이해하는 가장 중요한 것이다.

132 나는 손도, 발도, 머리도 없는 사람을 생각할 수 있다. 그러나 나는 생각하지 않는 인간을 생각할 수 없다. 이는 돌이거나 짐승일 것이다. *B339-L215*

> **해설** 파스칼은 인간의 생각하는 힘 즉, 이성을 크게 강조한다. 누가 이보다 더 인간 이성을 높이는가. 그러나 파스칼만큼 인간 이성의 한계를 말하는 사람이 없다. 이점이 파스칼의 독특한 입장이다.

133 인간의 위대함은 자신의 비참을 아는 데 있다. 자신의 비참을 아는 것은 비참한 일이다. 그러나 자신이 비참하다는 것을 아는 것이 곧 인간의 위대함이다. *B349-L219*

> **해설** 자신의 비참을 모르는 것은 인간의 위대성을 모르는 사람이다.

134 이 모든 비참이 곧 인간의 위대함을 입증한다. 이는 대영주의 비참이요, 패위된 왕의 비참이다. B398-L220

> 해설 인간이 타락하기 전에는 원래 대영주요 왕이었다. 인간의 원죄를 설명하기 위한 말이다. 인간은 패위된 왕이다.

135 마음은 이성이 알지 못하는 자신만의 논리를 가지고 있다.
B277-L224

> 해설 마음은 단지 기분이나 상상력이 아닌 나름대로의 논리를 가지고 있다. 마음과 이성을 대조하고 있다.

136 하나님을 느끼는 것은 마음이지 이성이 아니다. 신앙이란 그런 것이다. 이성이 아니라 마음으로 느껴지는 하나님. B278-L225

> 해설 "어쩐지 저 사람이 싫다"는 말은 이유를 조목조목 들면서 싫다는 말보다 더 힘 있고 확실하다. '어쩐지'는 이성이 아니라 수많은 직관을 포함하고 있기 때문이다.

137 분명히 인간은 생각하도록 만들어졌다. 이것이 인간의 가장 위대한 존엄이요 모든 가치. 그의 모든 의무는 올바르게 생각하는 데 있다. 그런데 생각하는 순서는 자신으로부터 시작하며, 자신을 지은 창조자나 그의 목적으로 향해야 한다. 그러나 사람들은 무엇을 생각하고 있는가? 결코, 이를 생각하지 않는다. 다만, 춤추고 비파를 타

고 노래를 부르고 시를 짓고 수레 바퀴를 뒤쫓아 달리는 것을 생각하며 전쟁하고 왕이 될 것을 생각한다. 그러면서도 왕이란 도대체 무엇이며 인간이란 무엇인가를 생각하지 않는다. *B146-L226*

해설 사람들은 왕이 되기 위해 얼마나 애쓰고 있는가. 그렇다면, 도대체 왕이란 무엇인가? 사람들은 세계의 본질을 생각하지 아니하고 비본질적인 것만 생각한다. '전쟁'을 시험공부로, '왕'을 사장이나 높은 사람으로 바꾸어 생각해보라.

138 기억은 이성의 충분한 활동을 위하여 필요하다. *B369-L228*

해설 기억이 이성의 중요한 요소지만 기억이란 것이 얼마나 보잘것없는 것이며 따라서 이성이란 별것 아님을 말한다. 그러나 이성을 뒷받침 하는 것은 기억이다. 그러므로 기억하도록 충분히 연습하자.

139 사람들은 이 땅에서, 나아가서는 죽은 후에까지 사람들에게 알려지기를 원한다. 얼마나 주제 넘은 존재인가. 그런가 하면 기껏해야 몇 명 되지도 않는 사람들에게 칭찬받고는 기뻐하고 만족한다.
B148-L235

해설 사람이란 이토록 불합리하고 공허한 존재다.

140 인간의 위대함을 말하지 않고 단지 짐승과 같은 존재인가를 알게 하는 것은 위험하다. 또한, 인간의 비열함을 보여주지 않고 그의 위대성만을 지나치게 보여주는 일도 위험하다. 그중 어느 것도 알려주지 않은 것은 더욱 위험하다. 그러나 둘을 다 밝혀주는 것은 매우 유익한 일이다. 인간이 자신을 짐승과 같은 존재로만 생각해서도, 천사와 같은 존재로만 생각해서도 안되며 둘 다 모르는 것도 안 된다. 둘 다 알아야 한다. *B418-L236*

> 해설 인간의 위대함과 비참함, 한가지 만을 아는 것은 위험하다. 두 극단을 동시에 인식하고 이 모순을 풀어야 한다. 이것이 바로 성경이 말하는 것이다.

141 한편, 인간의 위대함을 증명하기 위한 것이 다른 편에서는 인간의 비참을 말하는 것이 된다. 위대과 비참은 끝없이 원을 그리며 상호 관련을 가진다. 인간은 스스로가 비참을 안다. 따라서 그는 비참하다. 사실 비참하기 때문이다. 그러나 인간은 진정 위대하다. 왜냐하면, 스스로 비참함을 알고 있기 때문이다. *B416-L237*

> 해설 비참은 위대에서 나오고 위대는 비참에서 나온다. 인간은 자신이 얼마나 비참한 존재인가를 알 때 위대한 존재가 될 수 있다.

142 인간은 원래 쉽게 믿기도 하지만 의심이 많고, 소심하면서도 한편으로는 대담하다. B125-L239

> 해설 인간의 모순과 이중성을 지적하고 있다. 파스칼의 인간론의 특징은 인간의 이중적 상황이다.

143 습관은 제2의 본성이다. B93-L241

> 해설 습관은 본성적인 강한 힘이 있다. 습관은 마치 본성과 같다.

144 인간이란 그 얼마나 기괴한 짐승인가! 이 어인 진기, 요물, 혼돈, 모순의 존재 그리고 경이인가! 만물의 심판자요 추악한 지렁이, 진리의 수탁자요 불확실한 오류의 시궁창, 우주의 영예요 폐물.

B434-L246

> 해설 모순된 인간의 모습을 절묘한 대립의 수사학을 통해 표현하고 있다. 이보다 더 잘 인간이 무엇인가를 묘사한 말이 있을까? "만물보다 거짓되고 심히 부패한 것이 마음이라 누가 능히 이를 알리요" 예레미야 17:9

145 결국, 인간이 타락하지 않았던들 무죄 속에서 확실히 진리와 행복을 누릴 것이요, 인간이 처음부터 타락했다면 그에게는 진리와 행복에 대한 생각조차 없을 것이다. 우리는 행복을 추구하고 있지만

이에 도달할 수 없다. 진리의 영성을 느끼고 있지만, 오직 허위를 가지고 있을 따름이다. 우리가 아무것도 모를 뿐만 아니라 확실히 아는 것도 불가능한 것을 보면, 우리가 아무것도 모를 뿐만 아니라 확실히 아는 것도 불가능한 것을 보면, 우리가 원래 완전한 상태에 있었으나 불행히도 그곳에서 떨어졌다는 것은 그만큼 명백한 일이다. 그러나 우리의 생각과는 전혀 다른 이 교리, 우리가 도저히 이해할 수 없는 일종의 신비라 할 수 있는 죄와 죄의 유전을 모르고서는 우리 자신에 대하여 아무것도 알 수 없다는 사실은 참으로 놀랍다.

왜냐하면, 최초의 인간이 범한 죄로 말미암아 지금 우리들이 죄인이 된다고 말하는 것은 우리의 생각으로는 도무지 이해되지 않는 충격적이기 때문이다. 죄가 유전된다는 것은 도무지 이해되지도 않을 뿐만 아니라 극히 부당한 것으로도 생각된다. 확실히 이 교리보다 가혹하게 우리를 거슬리게 하는 것은 없다. 그럼에도 그 무엇보다도 가장 이해할 수 없는 이 신비 없이는 우리는 자신에 대하여 도무지 알 수 없게 된다. 우리의 상태를 풀 수 있는 실마리는 이 심연 속에 뒤얽혀 있다.

B434-L246

해설 인간의 원죄에 대하여 말하고 있다. 그러나 이 원죄에 대하여 모르고서는 인간을 결코 이해할 수 없다. 원죄의 교리야말로 인간을 이해하는 실마리다. 그런데 이 원죄의 교리를 이성적으로 이해하는 것이 얼마나 어려운가. 파스칼은 인간의 모순을 이해하기 위해서 원죄가 무엇인지 알아야 할 것을 여기저기에서 강조하고 있다.

146 교만한 인간이여, 너는 너 자신에 대하여 얼마나 역설적인가를 알아라. 무능한 이성이여, 머리 숙여라. 어리석은 본성이여, 침묵하라. 인간은 무한히 인간을 초월하는 것임을 알아라. 그리하여 그대들이 모르는 자신의 참된 상태를 그대들의 주님에게서 배워라. 하나님의 말씀을 들으라. *B434-L246*

> 해설 하나님을 모르는 인간을 향한 파스칼의 절절한 절규이다. 인간은 교만하며, 역설적이며 또한 무능하다. 그러면서도 스스로 모든 것을 알 수 있다고 착각하고 있다. 인간은 자신을 넘어서는 초월적인 존재가 있다는 것을 알아야 한다.

147 인간이 진정 인간을 알 수 있는 것은 이성의 교만한 활동에 의해서가 아니라 오히려 겸손한 복종에 의해서다. 인간은 은총에 의해서만 하나님을 닮을 수 있고 그의 신성에 참여한다. 은총 없이는 인간은 짐승과 다름없게 된다. *B434-L246*

> 해설 인간은 하나님의 은총을 통해서만 진정한 사람이 될 수 있고, 믿음을 갖고 겸손한 복종을 통해 하나님께 나아갈 수 있다. 하나님의 은총이 없는 인간은 짐승이나 다름없다.

148 만일 인간이 하나님을 위하여 지어지지 않았다면, 어찌하여 하나님 안에서만 행복할 수 있을까. 만일 인간이 하나님을 위하여 지어진 것이라면, 어찌하여 이다지도 하나님을 거역하는 것일까.

B438-L247

> 해설 인간의 모순을 역설적으로 통찰하고 있다.

149 신앙을 아는 데 있어서 나를 가장 방해했던 모든 모순들이 오히려 가장 빨리 참된 신앙으로 인도해주었다. *B424-L248*

> 해설 한번 모순이 풀리는 실마리에 접하게 되면 순식간에 모든 모순이 눈 녹듯이 사라진다. 이것이 은총을 경험하는 것이다. 파스칼 자신의 구체적 체험을 말하고 있다.

150 철학자들은 보통 사람들을 놀라게 한다. 그러나 기독교인들은 철학자들을 놀라게 한다. *B443-L252*

> 해설 보통 사람들은 철학자들이 다양한 지식에 대하여 아는 것에 놀란다. 그러나 철학자들은 기독교인들이 궁극적 해답을 가진 것에 대하여 놀란다.

151 이성과 욕망 사이에 일어나는 인간 내면의 갈등.
만일 인간이 욕망 없이 이성만을 가졌다면.
만일 인간이 이성 없이 욕망만을 가졌다면.
그러나 둘을 다 가지고 있기 때문에 인간은 싸우지 않을 수 없다.
이렇듯 인간은 항상 분열되고 스스로에 반항한다.   B412-L253

해설 자기 분열적 인간의 모습을 보여준다. "내가 원하는 바 선은 하지 아니하고 도리어 원치 아니하는바 악은 행하는도다" 로마서 7장 19절

152 일생에서 가장 중대한 것은 직업의 선택이다. 그런데 우연이이를 결정한다.   B97-L254

해설 우연한 일이 결정적이고 큰 영향을 미친다. 그런 면에서 우리 인간에서 일어나는 모든 일들은 어쩌면 '우연 같은 필연'이 아니겠는가! 이 세계는 '신적神的 우발성'에 의해 움직인다.

153 겸손한 말도 교만한 자에게는 교만의 이유가 되지만 겸손한 자에게는 모든 것이 겸손의 이유가 된다. 마찬가지로 의심하는 사람에게는 믿음에 관한 말도 의심의 근거가 되지만 믿음을 가진 사람에게는 믿음의 근거가 된다.   B377-L255

해설 모든 것은 사물은 보는 사람의 태도와 입장에 따라 달라진다.

154 인간은 천사도 아니요 짐승도 아니다. 천사가 되려는 자가 짐승과 같이 되는 것은 불행한 일이다. *B358-L257*

해설 인간은 이와 같이 모순적이고 역설적인 존재다.

155 지위가 높은 사람이나 낮은 사람이나 다 같은 일, 같은 불만, 같은 정열을 가지고 있다. 다만, 전자는 바퀴의 바깥에 있고, 후자는 바퀴의 중심부에 있을 뿐이다. 따라서 바퀴 중심에 가까이 있는 사람은 같은 운동에 의해서도 덜 움직인다. *B180-L258*

해설 사람은 자기의 처지와 경험에 따라 똑같은 일도 크게 느껴지거나 작게 느껴지거나 깊게 느껴진다.

156 성경은 여러 가지 상태에 있는 사람들을 위로할 수 있고 또 두려워하게 할 수 있다. *B532-L260*

해설 성경은 위로와 심판, 사랑과 정의를 동시에 말한다. 그러나 이중 하나를 강조하거나 버린다면 진정으로 하나님을 모르는 것이다. 그런데도 많은 사람들은 위로와 사랑을 받기만을 원한다. 심판과 정의에는 관심이 없다.

157 당신은 남에게 잘 보이기를 원하는가? 그렇다면, 아무 말도 하지 마라. *B44-L923*

> 해설 침묵은 그 사람을 돋보이게도 한다.

158 인간의 온갖 불행은 단 하나의 사실, 곧 한 방에 조용히 머물러 있을 수 없다는 사실에 있다는 것을 나는 발견하였다. 따라서 인간의 유일한 행복은 자신의 상태를 생각하는 것에서 다른 곳으로 마음을 전환하는 일에 달렸다는 것을 알게 되었다. 가령 이를 생각할 여유를 주지 않는 어떤 관심사, 그의 마음을 사로잡을 즐겁고 새로운 정열, 도박, 사냥, 흥미를 끄는 연극, 소위 오락들이다. 이런 이유 때문에 인간은 그처럼 소란과 법석을 즐긴다. 이런 이유로 감옥살이는 참으로 끔찍한 형벌이며, 이런 이유로 즐거운 고독이란 있을 수 없다. *B139-L269*

> 해설 '오락론'에 관한 내용이다. 인간은 한 곳에 아무것도 하지 않으면서 조용히 머물러 있을 때 자신의 불행과 비참과 마주치게 된다. 그러니 독방감옥이 얼마나 고통스러운 형벌이겠는가.

159 만일 인간이 행복한 존재라면 성자들과 같이 오락을 즐기는 일이 적었을 것이다. 그러면 오락을 통해서 즐거움을 갖는 것은 행복하지 않단 말인가? 그렇다. 왜냐하면, 오락은 다른 곳과 외부에서 나오는 것이요, 그러기에 인간은 의존적 존재다. 따라서 그는 항상 여러 가지 일로 마음이 흐트러지기 쉬우며 또 불가피하게 불안을 불러일으킨다. *B170-L265*

해설 오락론은 파스칼의 인간론을 이해하는 데 중요한 용어다. 심심풀이는 인간 소외를 보여준다. 오락은 자기로부터 도피하는 것으로 문제를 해결하려는 것이다.

160 인간은 죽음과 비참과 무지를 해결할 수 없다는 것을 알고 자신의 행복을 위하여 아예 이 골치 아픈 문제를 생각지 않기로 하였다. *B168-L267*

해설 그리고는 오락으로 도망쳐버린다. 진실로부터 도피하는 인간의 이중적 모순을 본다. 인간은 자신의 비참한 모습으로부터 도피하려 한다. 그 도피적 행위가 바로 파스칼의 '오락론'심심풀이론이다.

161 이렇듯 인생은 흘러간다. 사람은 어떤 장해물과 싸워 이기고 쉼을 찾는다. 그러나 이를 극복한 다음에는 쉼이 참을 수 없는 것이 된다. 쉼이 낳는 권태로 말미암아 또다시 그곳에서 벗어나 소란스러움을 찾는다. 소란과 오락이 없는 한 어떠한 사람도 행복할 수 없으며 오직 오락을 통해서 행복할 수 있다. 그러나 자신을 생각하는 것에서 마음을 다른 데 두게 함으로써 갖게 되는 이 행복이 도대체 무엇이겠는가 생각해보라.

어떤 사람이 매일 도박을 하면서 시름없는 나날을 보내고 있다. 매일 아침 이 사람에게 노름하지 않는다는 약속을 받고 하루 벌 수 있는 만큼의 돈을 주어보라. 당신은 그를 불행하게 만들 것이다. 혹 이렇게 말할 사람이 있을지도 모른다. 그는 도박하는 재미를 추구하는 것이지 돈을 원하는 것은 아니라고 그렇다면 돈을 걸지 않고 노름을 시켜보아라. 그는 열중하지 않을 것이요, 권태를 느낄 것이다. 이처럼 그가 추구하는 것은 재미관은 아니다.   B139-L269

해설 얼마나 탁월한 파스칼의 인간이해인가! '권태'야말로 인간의 모습이다. 그것을 피하기 위하여 인간은 오락에 취한다. 인간은 놀랍게도 자신의 죽음에 대하여 무관심하다.

162 불과 몇 달 전에 외아들을 잃은 저 사람, 소송과 분쟁에 시달려 오늘 아침에도 그처럼 마음이 어지러웠던 저 사람이 지금은 말끔히 다 잊고 있으니 무슨 까닭인가. 놀랄 것은 없다. 그는 여섯 시간 전부터 개들의 열렬한 추적을 당하는 산돼지가 어디로 통과할 것인가를 지켜보는 데 열중하고 있다.

　인간이 아무리 행복하다 할지라도 만일 오락이 없고 번지는 권태를 막아줄 어떤 정열 또는 오락에 열중함이 없다면 그는 이내 슬픔과 불행에 떨어지고 말 것이다. 심심풀이 없이는 기쁨이 없고, 심심풀이가 있으면 슬픔이 없다.　　　　　　　　　　*B139-L269*

> [해설] 인간은 자신의 상태를 잊으려고 오락시간죽이기에 열중한다. 그리고 심심풀이 속에서 끝없이 방황한다. 결국, 심심풀이는 우리 자신을 보지 못하게 만든다.

163 죽음은, 고통스러운 죽음을 생각하는 것보다 이를 생각하지 않을 때 한결 견디기 쉽다.　　　　　　　　　　*B166-L271*

> [해설] 죽음 그 자체보다 죽음에 대한 생각이 더 공포스럽다. 죽음에 대하여 생각한다고 죽음을 해결할 수 없다. 그래서 인간은 죽음에 대하여 생각하지 않기로 했다.

164 인간의 마음이란 이 얼마나 공허하고 오물에 가득 찬 것인가!
　　　　　　　　　　B143-L272

> [해설] 공허와 모순투성이인 인간!

165 행복은 우리 안에도, 우리 밖에도 없다. 행복은 오직 하나님께만 있다. 곧 우리 안에도 밖에도 있다. *B395-L287*

해설 인간은 홀로 행복할 수 없다. 오직 창조주이신 하나님과의 관계peace with God 회복 속에서만 행복할 수 있다.

166 너무 많이 생각하는 것은 아무것도 모르는 것과 같고 광기라는 비난을 받는다. 인간 정신의 위대함은 중용을 지킬 줄 아는 데 있다. 위대한 것은 거기에서 벗어나는 데 있는 것이 아니라 중용을 지키는 데 있다. *B376-L71*

해설 여기 중용은 동양사상에서 말하는 중용이 아니라 인간의 위대와 비참을 함께 볼 줄 아는 것을 말한다.

167 영혼이 불멸이냐 아니냐에 따라 도덕에 근본적인 차이를 가져오게 하는 것은 의심할 바 없다. 그럼에도 불구하고 철학자들은 이와는 관계없이 그들의 도덕을 세우려 한다. 그들은 단지 시간을 보내고 있을 따름이다. *B279-L376*

해설 철학자들은 다양한 지식을 토론하고 있지만, 본질적인 문제를 회피하고 있다.

168 쓸모없고 불확실한 데카르트. 나는 데카르트를 용서할 수 없다. 그는 자기 철학에서 가능하다면 하나님 없이 지나가려고 한다.

B78-L297

해설 파스칼 사상의 강렬함과 당시 살아있는 최대 인물에게 무례에 가까운 담대한 모습을 보여준다. 간단하지만, 파스칼 사상을 아는 데 매우 중요한 구절이다. 데카르트는 당시 최대의 과학자요 철학자다. 또한 근대철학과 과학의 아버지다. 그는 한마디로 거물이다. 그러나 파스칼의 신앙의 눈으로 볼 때 그는 불필요하고 불확실한 사람이었다. 이러한 데카르트를 파스칼은 받아들일 수 없다. 우리는 여기서 파스칼과 데카르트의 큰 차이를 보게 된다. 그러나 파스칼의 사상을 데카르트에 종속되는 것으로 소개하는 철학책들이 대부분이다. 심지어 고등학생들은 '합데파스'라고 외운다. 합리주의-데카르트-파스칼이란 말이다. 파스칼을 크게 오해한 것이다. 파스칼은 몽테뉴와 데카르트에 대항하고 도전하고 있다. 파스칼이 무엇보다 데카르트를 하나님 없이 모든 것을 해결하려 하기 때문에 용서할 수 없다고 까지 말한다. 400여 년 동안 수많은 영향을 미쳤고 존경받는 철학자요 과학자에 대하여 파스칼 말고는 누가 데카르트에 대하여 이토록 심하게 말한 사람은 없다. 파스칼은 이성이 만들어내는 세계의 앞날을 예언하고 있다.

169 신앙 없이 어떠한 인간도 진정한 선이나 진정한 의를 알 수 없다. 모든 사람은 행복하고자 열망한다. 여기에 예외가 없다. 설사 여기에 사용되는 수단은 여러 가지일지라도 그들은 한결같이 이 목적을 향하고 있다. 의지는 이 목적을 향한 것이 아니면 조금도 움직이지 않는다. 이것이야말로 모든 인간의 모든 행위의 원동력이다. 심지어는 스스로 목을 매는 사람에 이르기까지. 그럼에도 불구하고 그처럼 오랜 세월이 흐르도록 만인이 끊임없이 갈구하는 행복의 자리에 신앙없이 도달한 자는 한 사람도 없다. *B425-L300*

> **해설** 모든 사람은 행복하기를 갈망하고 있다. 그러나 행복하지 못하다. 오직 신앙을 통해서만 인간은 행복할 수 있다.
> 파스칼의 팡세는 '기독교 행복론'이다. 파스칼은 인간은 행복하기 위해서 오직 예수를 알아야 한다고 논증한다.

170 참된 선을 찾다가 피곤하고 지치는 것은 좋은 일이다. 결국 구주에게 손을 벌리게 될 것이기 때문이다. *B422-L306*

> **해설** 인간의 한계를 경험하는 것은 결국 예수를 만나게 하는 것이다. 키에르케고르는 "절망을 경험하는 것은 신앙에 들어가기 위한 실존주의 철학자 관문이다."라고 말한다.

171 하나님만이 인간의 진정한 선이다. *B425-L300*

> **해설** 오직 하나님만이 사랑이시요, 선이시다.

172 기독교의 하나님은 사람으로 하여금 하나님이 그의 유일한 선이며, 진정한 평안은 하나님 안에 있음을, 그리고 그의 유일한 기쁨이 하나님을 사랑하는 데 있음을 알게 하는 분이시다. *B544-L302*

> 해설 어거스틴의 『참회록』 중에 "우리가 하나님을 향하여 살도록지어졌으므로 당신의 품안에 안기기까지는 참평안을 알 수 없습니다"라는 고백이 생각난다. 파스칼은 실제로 어거스틴의 책을 많이 읽고 특히 그의 '은총론'에 큰 영향을 받았다. 파스칼의 사상은 여러 부분에서 종교개혁자인 루터와 칼빈의 사상과 유사함을 볼 수 있다.

173 사람들은 행복을 재물 및 외적인 행복, 그리고 오락심심풀이에서 찾는다. *B462-L305*

> 해설 이것이 인간의 비극이다. 그러나 그것들은 허상에 불과하다. 오직 하나님만이 우리에게 행복을 줄 수 있다.

174 인간의 위대와 비참은 명백한 것이기 때문에 참된 종교라면 인간 안에 위대의 큰 원인이 있으며 동시에 비참의 큰 원인이 있음을 꼭 가르쳐주어야 할 것이다. 또한 이 놀라운 모순을 충분히 설명하는 것이어야 한다. 인간이 행복하기 위해서 참된 종교는 한 분 하나님이 계시다는 것, 인간은 하나님을 사랑할 수밖에 없다는 것, 우리의 유일한 행복은 하나님을 만나는 것이요, 우리의 유일한 불행은 하나님을 멀리하는 것임을 밝혀주어야 한다.

참된 종교는 우리가 하나님을 알고 사랑하는 것을 가로막는 악이 있다는 것, 우리의 의무는 하나님을 사랑할 것을 명하되 욕망이 우리를 하나님으로부터 외면케 하기 때문에 결국 우리는 불의에 처해 있다는 것을 가르쳐주어야 한다. 진정한 종교는 우리가 하나님에 대하여, 그리고 우리 자신에 대하여 가지는 이러한 모습을 설명해주어야 한다. 나아가서 어떻게 구원을 얻을 수 있는가도 가르쳐주어야 한다. 이점에서 세계의 모든 종교를 검토해보며 이를 만족하게 할 만한 다른 종교가 기독교 외에 있는가를 생각해보기 바란다.

B430-L309

해설 기독교만이 인간의 위대와 비참을 동시에 보여주기 때문에 참된 종교라고 말한다. 이 모순된 인간을 구원하기 위하여 진심으로 성경이 말하는 종교와 다른 종교와 비교해 보라고 당당하게 말하는 파스칼을 본다.

175

아아, 사람들아, 너희의 비참에 대한 구원을 너희 자신 가운데 찾는 것은 헛된 일이다. 너희가 가진 온갖 지혜의 빛으로 끝내 깨달을 수 있는 것은 진리도 선도 결코 너희 안에서 발견할 수 없다는 사실뿐이다. 철학자들은 이를 너희에게 약속하였지만 이를 줄 수는 없었다. 그들은 너희의 참된 선이 무엇인지도, 진정한 모습이 무엇인지도 알지 못한다. 불행의 원인도 알지 못하는 그들이 구원을 어떻게 가르쳐줄 수 있겠는가. 너희의 진정한 병은 너희를 하나님으로부터 갈라놓는 교만이요, 너희를 땅에 얽매게 하는 욕망이다.

너희가 하나님을 안다면 은총에 의한 것이지, 본성에 의한 것은 아니다. 너희가 스스로 낮추게 된 것은 회개에 의한 것이지, 본성에 의한 것은 아니다. *B430-L309*

> 해설 인간은 스스로 자신을 구원할 수 없다. 인간은 교만과 욕망을 버리고 은총과 회개에 의해서만 진리에 도달할 수 있다.

176 알 수 없는 것이라고 해서 모든 것이 존재하지 않는 것은 아니다. 가령 무한수, 유한과 같은 무한의 한 공간. *B430-L309*

> 해설 시간이 갈수록 인간이 누구인가 알아가는 것이 아니라 오히려 현재 인간이 파악하고 있는 차원은 시공간 등 5차원 세계지만, 11·12차원까지 있음을 발견했을 뿐 알지는 못하고 있다. 인간은 미지의 존재요, 모순된 존재요, 신비의 존재다.

177 믿음도 은총도 없이 오로지 자신이 가진 빛으로 자연 속에서 온갖 것을 찾을 수 있다고 생각하면서 하나님을 알기를 원한다면 단지 혼란과 어두움 속에서 헤매일 뿐이다. 이것들을 통해서 하나님을 확실하게 알 수 있다고 말하는 것은 그들에게 기독교 신앙이 매우 보잘것없다고 말하는 것이나 다름없다. 이론으로든 경험으로든 내가 아는 한 이성으로 하나님을 알 수 있다고 말하는 것보다 기독교 신앙이 경멸하는 것은 없다. 성경은 이에 관하여 그런 방식으로 말하지 않는다. 오히려 반대로 하나님은 숨어 계시는 분임을 말한다. *B242-L49*

> 해설 믿음은 오직 은총과 성경을 통해서만 가질 수 있다. 이성으로는 하나님을 알 수 없고 만날 수 없다.

178 이렇듯 마음을 다하여 찾는 자에게는 명백히 나타나시는 반면 피하는 자에게는 숨고자 원하셨으므로 하나님은 그에 대한 인식을 조절하셨던 것이다. 결국 그를 찾는 자에게는 보이되, 찾지 않는 자에게는 보이지 않는 하나님이시다. 참으로 보고자 원하는 자에게는 충분한 빛이 있으며, 이와 반대의 마음을 가진 자에게는 충분한 암흑이 있다. *B430-L309*

> [해설] 하나님을 찾지 않는 자들에게 하나님은 숨어 계신다. 그러나 진지하게 하나님을 찾는 자들에게는 하나님을 알 수 있는 충분한 빛이 있다. 그러므로 진지하게 하나님을 추구하라. 하나님도 우리를 찾고 계신다. "아담아, 네가 어디 있느냐" 창세기 3장 9절

179 하나님이 숨어 계심을 한탄하지 말고 하나님이 그처럼 자신을 스스로 나타내 보이심을 감사해야 한다. 또한 하나님이 교만한 현인들에게 스스로를 나타내시지 않음을 감사해야 한다. 그들은 이처럼 성스런 하나님을 알기에 합당치 않은 자들이다. 오직 두 종류의 사람들만이 하나님을 안다. 곧 겸손한 마음을 가지고 높건 낮건 지혜를 가지고 기꺼이 스스로를 낮추는 사람들, 그리고 갖가지 장해가 있더라도 진리를 볼 만큼 충분한 지혜를 가진 사람들. *B288-L310*

> [해설] '숨어 계시는 하나님' 이사야 45장 15절은 인간이 찾고, 구하기만 하면 당장 나타나시는 그러한 하나님이 아니다. 예수그리스도는 숨어 계시는 하나님이시다. 숨어 계시는 하나님은 루터의 십자가 신학과도 연결된다. 하나님은 십자가의 연약함 속에 숨어 계신다. 루터보다 100년 후에 살았던 파스칼 또한 숨어 계시

는 하나님을 말하고 있다.

특히 숨어 계시는 하나님 1·2세계대전을 겪으면서 인간이 저지른 참혹한 상황 속에서 "하나님이 어디 계시는가"라는 질문에 대한 답변으로 숨어 계시는 하나님이 재논의 되었다. 숨어 계시는 하나님은 '신정론'神正論과도 연결되어 있다. "숨어 계시는 하나님 Hidden God은 현재顯在하며 동시에 부재하는 하나님이지, 때때로 현존하고 때때로 부재하는 하나님이 아니다. 언제나 현존하며 언제나 부재하는 하나님이다."루시앙 골드만, 『숨은 신』

180 만일 조금도 어둠이 없다면 인간은 자신의 타락을 깨닫지 못할 것이다. 만일 조금도 빛이 없다면 인간은 구원을 바라지 않을 것이다. 따라서 하나님이 어느 정도 숨어 계시기도 하고 어느 정도 나타내 보이심은 우리에게 정당한 일일뿐더러 유익한 일이기도 하다. 왜냐하면, 자신의 비참을 모르고 하나님을 아는 것이나, 하나님을 모르고 자신의 비참을 아는 것은 다 같이 위험하기 때문이다.

B586-L317

해설 인간은 자신의 이중성을 알아야 진정으로 구원을 향한 첫 걸음을 내디딜 수 있다. 자신의 비참을 모르고 하나님을 아는 것은 교만에 이르고 하나님을 모르고 자기의 비참을 아는 것은 허무에 빠질 수 있다.

181 인간은 어느 위치에 자신을 둘 것인가를 모른다. 인간은 분명히

길 잃은 자요, 본래의 있을 곳에서 떨어졌건만 이를 다시 찾지 못한다. 알 수 없는 암흑 속에서 곳곳에서 이를 찾아 서성거린다. 불안을 안고, 찾지도 못하면서. *B427-L312*

> **해설** 인간은 길을 찾을 때까지 불안 속에서 방황하고, 끝없이 동요한다. "오직 인간은 하나님 품 안에서만 안식을 찾을 수 있다." 아구스티누스

182 자신에 대한 집착은 전쟁, 정치, 경제, 인간의 육체적인 문제에서 온갖 무질서의 시작이다. 그러기에 의지는 타락된 것이다. 우리의 종교를 제외한 어떠한 종교도 인간이 죄 가운데 태어났음을 가르치지 않았다. 어떠한 철학자도 이를 말하지 않았다. 따라서 누구도 진실을 말한 것이 아니다. *B477-L313*

> **해설** 이 세계 안에 있는 모든 문제는 인간의 타락, 즉 자기주장으로부터 기인한 죄의 결과다.

183 많은 사람이 쇠사슬에 묶여 모두 사형선고를 받고, 그중 몇 사람씩 다른 사람이 보는 앞에서 매일 죽어가고, 남은 사람들도 그들과 같이 죽을 것을 알면서 고뇌와 절망 속에서 서로 바라보며 자신의 차례를 기다린다. 이것이 우리 인간의 모습이다. *B199-L314*

> **해설** 인간은 모두 사형집형 시간이 미정인 사형수들이다. 파스칼은 조금 있으면 죽음이 다가올 것에 대하여 이처럼 무관심함에 한탄한다.

184 하나님이 항상 아니지만, 가끔 나타나시므로 모호함을 제거해 준다. 하나님이 단 한 번이라도 나타나신다면 하나님은 영원히 존재하는 것이다. 따라서 여기서 결론지을 수 있는 것은 하나님은 존재한다는 것과 인간이 하나님을 알기에 합당치 않다는 사실이다.

B559-L319

[해설] '하나님이 나타나셨다'고 한 것은 어느 개인에게가 아니라 성경에 계시적으로 나타난 하나님을 말한다. 神顯, theophany 하나님이 한번 나타나셨다면 영원히 계시는 분이시다.

185 모든 것은, 성경에 나타난 불확실한 것까지도, 택함을 받은 사람에게는 다행한 일이 된다. 왜냐하면, 이들은 하나님의 빛이 있기 때문에 오히려 이러한 애매함을 존중한다.

B575-L321

[해설] 어떤 사람에게는 불확실한 애매함이 있지만 어떤 사람에게는 확실한 빛이 있다. 비록 애매함이 있을지라도 이것을 존중한다. 애매함은 인간이성으로 알 수 없는 신비인지도 모른다.

186 신앙이 없다고 불만을 품는 사람들을 보면 하나님께서 그들에게 빛을 주지 않으셨다는 것을 알 수 있다. 그리고 또 다른 사람들을 보면 하나님께서 그들의 눈을 멀게 하셨다는 것을 알 수 있다.

B202-L322

[해설] 신앙은 하나님이 오직 은혜로 주시는 것이다. 하나님은 볼 수 있는 빛을 주시기도 하고 눈을 멀게도 하시는 분이시다. 그러므로 우리는 하나님께서 빛을 주시도록 기도하자.

187 원죄는 사람의 눈으로 보면 어리석게 보인다. 그러나 이는 어리석어서 주어진 것이다. 따라서 이 교리에 합리성이 빠져 있다는 이유로 나를 비난해서는 안 된다. 나는 합리성이 없는 것으로서 이 교리를 제시하기 때문이다. 그러나 이 어리석음은 인간의 온갖 지혜보다도 지혜롭다. 왜냐하면, 이 어리석음 없이는 인간이 어떤 존재인지를 알 수 없기 때문이다. 인간의 모든 상태는 이 이해할 수 없는 한 점에 의지하고 있다. 그렇다면, 어떻게 인간의 이성으로 이를 깨달을 수 있겠는가. 이것은 이성에 어긋나는 일이요, 이성이 스스로 알아낼 수 없을뿐더러 원죄를 말하면 오히려 뒤로 물러선다. *B445-L323*

> [해설] 원죄는 인간의 이성으로는 알 수 없는 것이요 오히려 어긋나는 것이다. 그러나 원죄를 모르고는 인간과 세계의 모순을 이해할 수 없다. 신학적으로 원죄는 중요한 것이지만 이러한 주장에 대하여 철학자들은 파스칼을 신비주의자 또는 독단론자라고 말한다. 논리적 비약이 있기 때문이다.

188 모순은 악한 자를 눈멀게 하려고 언제나 그대로 남겨졌다. 진리와 사랑에 대적하는 모든 것은 악이기 때문이다. 이것이 곧 참 원리다. *B902-L778*

> [해설] 파스칼은 모순이라는 낱말을 자주 사용한다. 세상이나 성경은 모순으로 가득차 있다. 모순을 이해하지 않으면 하나님과 성경을 이해할 수 없다.

189 하나님이 계신다는 것도 알 수 없고, 하나님이 계시지 않다는 것도 확실하게 알 수 없다. 영혼이 육체와 같이 있는지도 알 수 없고 영혼이 있는지 없는지도 알 수 없다. 세계가 창조된 것인지 그렇지 않은 것인지도 알 수 없다. 또 원죄가 있는 것인지 없는지도 확실히 알 수 없다.

B230-L325

해설 파스칼 자신이 모른다는 말이 아니라 인간 이성으로는 알 수 없다는 말이다. 인간 이성으로 알 수 없는 것이 얼마나 많은가?

190 진심으로 진리를 알고자 원한다면 그러한 생각을 하는 것으로 만족해서는 안 된다. 더욱 세밀히 살펴보아야 한다. 단순한 철학의 문제라면 그것으로 충분할지 모른다. 그러나 나의 전 존재가 걸려 있는 문제가 아닌가.

B226-L326

해설 진리를 아는 것은 즐기는 문제가 아니라 내가 죽고 사는 문제다. 그러므로 신음하며 추구해야한다.

191 지옥과 천국, 이 둘 사이에 우리의 가냘픈 생명이 놓여있다.

B213-L328

해설 우리는 엄청난 선택 앞에 서 있다.

192 다음의 여러 가지 전제에 따라 다른 삶을 산다.
　　　이 세상에서 영원히 살 수 있는 경우.
　　　영원히 살 수 있는지가 불확실한 경우.
　　　영원히 살 수 없는 것이 확실한 경우.
　　　영원히 살 수 없다는 것이 확실하고.
　　　조금 더 살 수 있을지 불확실한 경우.
　　　마지막 전제야말로 우리의 것이다.　　　　　　*B237-L330*
　　　[해설] 인간은 영원히 살 수 없을 뿐만 아니라 살 수 있는 기간도 불확실하다. 그러니 죽음의 문제를 미룰 수 없다.

193 열심히 추구하지만, 하나님을 모르는 자들을 동정하라. 왜냐하면, 그들은 무척 불행하기 때문이다. 그러나 무신론자인 것을 자랑하는 자는 통렬히 비난하라.　　　　　　　　　　　　*B190-L332*
　　　[해설] 『팡세』가 기독교 변증론이란 것을 알기 때문에, 무신론자로 가득찬 우리나라 대학에서 권하는 책이 되지 못한다.

194 무신론은 이성의 힘을 표시한다. 그러나 어느 정도까지에 불과하다.　　　　　　　　　　　　　　　　　　　　　　　　　*B225-L333*
　　　[해설] 인간이 이성적으로만 생각한다면 하나님이 없다는 무신론이나 불가지론에 필연적으로 이른다.

195 인간의 예측이란 얼마나 무력한 것인가.　　　*B956-L779*

해설 우리가 얼마나 자주 예측하고 계획하고 전망하면서 살아가는가. 그러나 그 예측이라는 것이 얼마나 빗나가고 있는가. 인간 이성의 한계를 말한다. '신적 우발성' 즉 우연이 세계를 지배하는지도 모른다.

196 만일 생애의 일주일을 바쳐야 할 것이 있다면 마땅히 전 생애를 바쳐야 한다.　　　*B204-L335*

해설 우리가 만일 앞으로 일주일밖에 살 수 없다면 죽음에 대하여 진지하게 생각할 것이다. 그러나 우리가 100년을 산다 해도 일주일을 더 사는 것과 다를 바 없다. 그러니 일주일밖에 남지 않았다는 생각으로 우리의 삶과 죽음을 진지하게 생각해야 한다는 말이다. 일 주일만 살 것처럼 긴장감을 가지고 인생을 살자.

197 오직 세 종류의 사람들이 있을 뿐이다. 하나님을 이미 만나고 섬기는 사람들, 하나님을 아직 만나지 못하고 찾으려고 애쓰는 사람들, 그리고 하나님을 만나지도 못하고 찾으려고 애쓰지도 않는 사람들. 첫 번째 사람들은 합리적이면서도 행복하며, 마지막 사람들은 불합리하면서도 불행하다. 두 번째 사람들은 불행하지만 합리적이다.

B257-L336

해설 하나님께 가까울수록 행복하고 하나님과 멀어질수록 불행하다. 당신은 이 사람들 중 몇 번째 사람인가?

198 여기 감옥에 갇힌 한 사람이 있다. 자기에 대하여 어떠한 선고가 내려졌는지 모르지만 이를 알려면 한 시간의 여유밖에 없다. 그러나 만일 선고가 내려진 것을 안 다음 이를 취소시키기에 충분한 시간이 있다고 하자. 이러한 경우 그가 자신의 선고에 대해서 알아보려고 하지는 않고 오락에만 시간을 허비한다면 이는 자연스럽지 못한 일이다. 하나님을 찾는 인간의 열성만이 하나님을 증명하는 것이 아니라 하나님을 찾지 않는 인간의 맏목 또한 이를 증명한다.   B200-L339

> [해설] 파스칼은 다른 곳에서 "자신의 전 존재가 걸려 있는 죽음에 대한 무감각은 오히려 어떤 초자연적 힘의 간섭 없이는 설명될 수 없다."고 말한다.

199 무한한 것에 하나를 더해도 무한은 조금도 증가하지 않는다. 무한한 길이에 한 자를 더해도 0과 마찬가지다. 유한은 무한 앞에서 소멸하며 단지 무일 뿐이다. 인간의 이성도 하나님 앞에서 이와 마찬가지요, 우리의 의도 하나님의 의 앞에서 그러하다. 그러나 우리는 믿음으로 하나님의 존재를 알며, 영광으로 그의 본질을 안다.

B233-L343

> [해설] 인간은 그 어느 것도 무한 앞에서 아무것도 아니다. 그러나 오직 은혜로, 믿음으로 무한자인 하나님을 안다.

200 코페르니쿠스의 주장을 깊이 알지 못한다고 해서 큰 문제가 될 것은 없다. 그러나 영혼이 불멸인가 아닌가를 아는 것은 전 생명

에 관련되는 중요한 문제다. *B218-L340*

> 해설 영원히 사느냐 죽느냐의 문제는 사물의 한 원리를 아는 것과 비교가 되지 않을 정도로 중요성을 가지고 있다. 그런데도 사람들은 몰라도 살 수 있는 코페르니쿠스의 과학적 원리에 대하여는 알려 한다. 대학교를 가는 데는 그토록 심혈과 정성을 기울이는 사람들이 진리를 아는 데는 그토록 무관심할까?

201 만일 확실한 것이 아니어서 아무 일도 해서는 안 된다면 종교를 위해서는 아무 일도 해서는 안 될 것이다. 왜냐하면, 종교는 확실한 것이 아니기 때문이다. 그러나 불확실한 것을 위해서 사람들은 얼마나 많은 일을 하고 있는가. 항해, 전쟁과 같은. 그러기에 나는 말한다. 아무것도 확실한 것이 없는 이상 아무 일도 해서는 안 된다고.

B234-L346

> 해설 확실한 것만을 해야 한다면 우리는 아무것도 하지 말아야 할 것이다. 그런데 확실한 것이 어디 있단 말인가? 그러면서도 신앙은 불확실하다고 말한다.

202 하나님은 있다. 혹은 하나님은 없다. 어느 편에 우리의 마음을 둘 것인가? 이성은 이런 문제 앞에 아무 결정도 내리지 못한다. 무한한 침묵이 우리를 갈라놓을 뿐이다. 이 무한이 끝나는 곳에서 비로소 이것이냐 저것이냐가 판가름 난다. 그렇다면, 어느 편에 당신은 걸겠는가? 우리는 이미 배에 올라타 있다. 그러니 어느 편을 택하겠

는가 생각해보라. 만일 이긴다면 당신은 모든 것을 얻는다. 만일 진다하더라도 당신은 아무것도 잃는 것이 없다. 그러니 망설이지 말고 하나님이 존재한다는 편에 걸어라.

하나님의 증명을 증가시킴으로서가 아니라 당신의 욕망을 감소시킴으로써 깨닫게 되기를 노력해야 한다. 믿지 못하는 것은 당신의 욕망 때문이다.   *B233-L343*

> 해설 하나님이 존재하느냐, 존재하지 않느냐 하는 문제는 도저히 이성적으로 증명할 수 없으니 이 문제는 어차피 일종의 도박을 할 수 밖에 없다. 이렇게 도박을 할 경우 하나님이 존재한다는 쪽에 밑천을 거는 편이 훨씬 현명하다. 설령 하나님이 존재하지 않는다 해도 우리로서는 큰 밑천을 들인 것이 아니니 밑져야 본전이고, 반대로 하나님이 존재하지 않는다는 쪽에 걸었다가 만약 하나님이 존재한다면 그 때는 완전히 망할 수 밖에 없다. 따라서 하나님이 존재한다는 쪽에 거는 것이 확률적으로 더 안전하다는 이론이다. 이것이 유명한 파스칼의 '도박이론' 내기이론이다. 파스칼은 도박까지 거론 하면서 마지막 호소를 하고 있다. 이성의 끝까지 가본 것이다. 파스칼은 건강을 위하여 한때 사교생활을 할 때가 있었고 그때 확튤론을 착안하게 되었다.

203 정욕에 빠지지 않도록 마치 나의 생명이 일주일밖에 남지 않은 것처럼 살자.   *B203-L345*

> 해설 일주일밖에 살 수 없는 것이 확실하다면 욕망과 오락 시간죽이기 속에서 아무렇게나 살 수 있겠는가?

204 만일 신앙을 가진다면 바로 쾌락을 버릴 것이라고 말하는 사람들이 있다. 그러나 나는 당신에게 말하겠다. 당신이 쾌락을 버린다면 곧 신앙을 얻을 것이라고. 그러니 시작은 당신부터다.

B350-L350

해설 욕망은 모든 것을 가린다.

205 하나님을 믿는 데서 오는 두려움이 아니라 하나님이 있는지 없는지를 의심하는 데서 오는 두려움. 옳은 두려움은 신앙에서 온다. 그릇된 두려움은 의심에서 나온다. 옳은 두려움은 희망을 불러일으킨다. 그러나 옳지 못한 두려움은 절망을 불러일으킨다. 전자는 하나님을 잃을까 두려워하며, 후자는 하나님을 볼까 두려워한다.

B262-L351

해설 바울은 "내가 지금 기뻐함은 너희로 근심하게 한 까닭이 아니요 도리어 너희가 근심함으로 회개함에 이른 까닭이라 너희가 하나님의 뜻대로 근심하게 된 것은 우리에게서 아무 해도 받지 않게 하려 함이라 하나님의 뜻대로 하는 근심은 후회할 것이 없는 구원에 이르게 하는 회개를 이루는 것이요 세상 근심은 사망을 이루는 것이니라" 고린도후서 7장 9~10절

두려움, 의심, 근심은 좋은 것이다. 그러나 그 근심이 회개에 이르게 하지 않는다면 죽음에 이르게 하는 것이다.

206 이성에 복종하고 이성을 활용함. 여기에 참된 기독교 신앙이

있다. B269-L352

> 해설 기독교 신앙은 이성을 부인하지 않는다. 이성을 초월하는 것이 있다는 것이며 이성의 한계를 알라는 것이다.

207 만일 기적이 없었더라면 나는 기독교인이 되지 않았으리라.

B812-L354

> 해설 파스칼은 실제로 기적을 확실하게 체험했다. 그리고 매우 기뻐했고, 더 깊은 신앙으로 들어가는 계기가 되었다. 자세한 내용은 필자가 쓴 『파스칼의 생애와 사상』을 읽어 보기 바란다.

208 의심해야 할 때 의심하고, 확신해야 할 때 확신하며, 복종해야 할 때 복종할 줄 알아야 한다. 그렇지 않은 사람은 이성의 힘이 무엇인지 알지 못하는 사람이다. 어떤 사람은 증명이 무엇인지 모르기 때문에 모든 것을 증명할 수 있는 것처럼 생각하거나, 복종할 줄 모르기 때문에 모든 것을 의심하거나, 판단할 경우를 모르기 때문에 모든 것에 복종한다. B268-L355

> 해설 의심할 때 의심하고, 확신할 때 확신하고, 복종할 때 복종해야 한다. 이것이 진정한 그리스도인의 모습이 아닌가!

209 만일 모든 것을 이성에 복종시킨다면 기독교는 아무런 신비로운 것도 초자연적인 것도 없을 것이다. 또 기독교가 만일 이성의

원리에 어긋난다면 부조리하고 우스운 것이 될 것이다. *B273-L358*

> 해설 기독교 신앙은 신비로우면서도 합리적이다. 신비와 이성 사이에는 변증적 관계를 이룬다.

210 이성은 마땅히 복종해야 한다고 판단하지 않는 한 절대로 복종하지 않는다. 따라서 복종해야 한다고 판단할 때 복종하는 것은 옳은 일이다. *B270-L359*

> 해설 옳다고 판단하면서도 복종하지 않는 경우가 있다. 그러나 이성의 판단과 복종과는 얼마나 거리가 먼가!

211 확실한 것이 모순으로 보이는 것이 있는가 하면, 허위가 모순 없이 통하는 때도 있다. 모순된다고 해서 허위라고 볼 수 없고, 모순이 없다고 해서 진리라고 말할 수도 없다. *B384-L362*

> 해설 모순을 이해해야 신앙을 이해할 수 있다. 기독교는 모순으로 가득차 있다. 예를 들어 예수님의 신성과 인성, 성육신, 삼위일체 등.

212 참된 기독교인은 드물다. 믿는 자는 많다. 그러나 미신에 의해서다. 믿지 않는 자도 많다. 그러나 방종에 의해서다. *B256-L364*

> 해설 참된 신앙은 권위에 복종하는 것과 이성을 활용하는 데 있다. 이성을 배제하고 권위에만 맹목적으로 복종할 때 미신에 흐

를 수 있고 권위에 복종을 거부하고 이성만을 신뢰할 때 불신과 방종에 빠진다. 한국교회는 얼마나 많은 미신과 방종으로 가득 차 있는가!

213 성취된 예언은 하나의 계속적인 기적이다. *B838-L365*

해설 '계속적인 기적'이라 한 것은 예언이 말하여진 때부터 예언이 이루어진 때까지의 기간을 말한다. 예수님이 베들레헴에서 탄생할 것이라는 예언은 예언이 시작될 때부터 예언이 달성될 때까지 예언이다.

214 두 개의 극단, 이성을 배제하는 것, 이성만을 인정하는 것.

B253-L368

해설 파스칼은 이 두 개의 극단에 빠지지 않도록 하라고 말한다.

215 이성의 최후의 한걸음은 이성을 초월하는 무한한 사물이 있음을 인정하는 일이다. 이를 인정하는 데까지 이르지 않는 한 이성은 약한 것일 뿐이다. 자연적 사물도 이성을 초월한다면, 하물며 초자연적 사물에 관해서는 무어라 말할 것인가? *B267-L373*

해설 이성의 역할은 크고 중요하다. 그러나 이성을 넘어서는 것이 있다는 것을 인정하는 것은 더욱 중요하다. 이성에 관한 파스칼의 유명한 말이다.

216 어떤 일에 관해서 이미 들어 아는 것으로 당신이 이를 믿는 기준으로 삼아서는 안 된다. 오히려 아무것도 듣지 않는 상태에서 무엇인가를 바로 믿을 수 있다. 당신이 믿는 것이 당신 스스로 내린 동의어야 하고 자신의 이성의 소리여야 하지 다른 사람의 소리여서는 안 된다. 믿는다는 것은 참으로 중대하다. 백 가지의 모순도 진실이 될 수 있다. *B260-L790,374*

해설 스스로 내린 동의와 선택이야말로 진정한 것이요 강한 것이다.

217 의지는 믿음에서 없어서는 안 될 중요한 것 중 하나다. 의지가 믿음을 형성해주는 것은 아니지만, 사물은 이것을 보는 측면에 따라 진실하게 보이게도 하고 거짓으로 보이게도 한다. 의지가 어느 것을 다른 것보다 더 좋아한다면 자기가 싫어하는 사물을 이성이 보지 못하도록 한다. 이렇듯 이성은 의지와 보조를 맞추어보게 하고, 의지가 좋아하는 면만을 보려고 걸음을 멈춘다. 의지가 보는 데 따라 이성은 판단한다. *B99-L375*

해설 이성의 활동은 여러 면에서 방해받고 있다. 이성의 판단은 의지에 따라 달라진다. 우리는 보고 싶은 것만을 보고 좋아하는 것만을 믿는다.

218 "자랑할 데가 어디뇨 있을 수가 없느니라 무슨 법으로냐 행위로냐 아니라 오직 믿음의 법으로니라" 로마서 3:27 이와같이 믿음은 율

법의 행위와 같이 우리의 노력에 의한 것이 아니라 다른 방법으로 우리에게 주어진 것이다. *B516-L766*

> **해설** 믿음이란 인간의 노력과 공로의 산물이 아니라 하나님의 은혜의 선물인 것을 말하고 있다.

219 뛰는 것이 말의 본질인 것처럼 부정하고 믿고 옳게 의심하는 것이 인간의 본질이다. *B260-L790,374*

> **해설** 파스칼은 결코 무조건 믿음을 가지라고 말하는 것이 아니라 인간의 본질을 철저하게 부정하고 의심할 것이 있으면 얼마든지 그렇게 해보라는 것이다. 좋은 신앙은 무조건 믿는 것이 아니라 옳게 의심하는 것이다. "베뢰아에 있는 사람들은 간절한 마음으로 말씀을 받고 이것이 그러한가 하여 날마다 성경을 상고하므로" 사도행전 17장 11절

220 신앙은 하나님의 선물이다. 신앙을 추리를 통해서 얻은 것으로 생각해서는 안 된다. 추리를 통해서 결코 신앙에 도달할 수 없다. 인간이 성도가 되는 것은 오직 은혜로 인함이다. 이를 의심하는 자는 성도가 무엇이며 인간이 무엇인지를 모르는 사람이다. *B508-L769*

> **해설** 파스칼은 일반적으로 철학에서 배제되어 있으며 철학에서 말한다해도 신비주의자로 분류하거나 데카르트의 아류로 분류한다.

221 신앙을 갖도록 설득시키는 방법에는 두 가지가 있다. 하나는 이성의 힘이요 또 하나는 말하는 사람의 권위다. "이를 믿어야 한다. 이를 말하는 성경은 거룩한 것이기 때문에"라고 말하지 않고, 오히려 이러이러한 이유로 믿어야 한다고 말한다. 이는 빈약한 논리다. 이성이란 모든 것에 휘어 구부러지기 때문이다. *B561-L378*

> 해설 진리로 인도하는 방법은 이성에 의해서가 아니라 성경의 권위에 의지해야 한다는 말이다. 그러므로 성경의 권위를 아는 것은 매우 중요하다. 성경의 권위는 하나님의 권위와 연결되어 있다.

222 인간의 상식과 본성에 어긋나는 학문만이 인간 속에 끊임없이 존속할 수 있다. *B604-L379*

> 해설 이성의 한계를 말하며 아직도 더 가야 할 신비가 무한히 우리 앞에 있다.

223 예수 그리스도를 모르고서 하나님을 안다는 것은 불가능할 뿐만 아니라 무익하다. *B549-L382*

> 해설 "나로 말미암지 않고는 아버지께로 올 자가 없느니라"
> 요한복음 14장 6절

224 철학적으로 하나님을 증경했다고 하는 사람에게 큰 감명을 얻지 못한다. 혹 사람에 따라서는 도움이 될지 모르지만, 그것도 이 증명을 보는 동안만 도움이 될 뿐이며 잠시 후에는 혹시 내가 속은 것은 아닌가 생각한다. *B548-L602*

> 해설 우리의 머리로 아는 하나님은 우리의 삶에 영향을 줄 수 없다. 우리의 가슴으로 아는 믿음이 필요하다.

225 우리는 오직 예수 그리스도를 통해서만 하나님을 안다. 중보자이신 예수 그리스도 없이는 하느님을 만날 수 없다. 예수 그리스도 없이도 하나님을 알고 하나님을 증명한다고 주장한 사람들은 무력한 증거를 가졌을 뿐이다. 그러나 예수 그리스도를 증명하기 위하여 우리는 예언하고 있거니와 이 예언이야말로 예수 그리스도의 신성을 증명한다.

성경을 모르고 원죄가 무엇인지 모르고, 예언대로 오신 중보자 없이 우리는 절대로 하나님을 증명할 수 없고, 올바른 교리도 올바른 도덕도 가르칠 수 없다. 자신의 비참을 모르고서 하나님을 안 자들은 하나님을 영화롭게 한 것이 아니라 자기 자신을 영화롭게 한 것이다. *B547-L380*

> 해설 파스칼의 기독론이 드러난 대표적 조각글이다. 성경과 예수 그리스도를 모르고 하나님을 안다는 것은 무용할 뿐 아니라 해롭다. 하나님을 영화롭게 하기 위해서는 무엇보다 자신이 얼마나 비참한가를 알아야 한다.

226 자신이 얼마나 비참한지를 알지 못하고 하나님을 아는 것은 교만을 낳는다. 하나님을 알지 못하고 자신의 비참함을 아는 것은 절망을 낳는다. 예수 그리스도를 통해서만 하나님을 알고 인간의 비참함을 동시에 알 수 있다. *B527-L383*

> 해설 하나님을 알면서도 인간의 비참, 죄로 말미암은 인간의 상황을 모른다면 교만해질 뿐이며, 비참함을 알면서도 하나님을 모르는 것은 절망을 낳는다.

227 모든 사람이 수단만을 생각하고 목적을 생각하지 않는 것은 한탄할 일이다. *B98-L384*

> 해설 오늘의 세태는 목적을 생각하지 않고, 오로지 방법과 수단만을 생각하는 시대다.

228 기분은 얕잡아볼 수 없는 어떤 힘을 가지고 있다. *B86-L387*

> 해설 인간이 자랑하는 이성이 항상 합리적인 것이 아니라는 또 하나의 예. '기분'은 오늘날의 심리학에 해당하는 말이다. '기분'은 한낱 기분만이 아니다.

229 사랑의 원인이 무엇이며 그 결과가 어떤 것인가를 아는 것보다 인간의 공허를 보여주는 것은 없다. 전 세계가 사랑으로 말미암아 변하였으니 말이다. 클레오파트라의 코. *B163-L83*

> 해설 클레오파트라는 절세의 미인으로 여러 사람을 사랑하고 여러 사람으로부터 사랑받은 여인이다. 그리고 그 미모는 로마의 역사를 움직이는 결정적인 요인이 되었다. 그의 코가 조금이라도 낮거나, 높았더라면 미인이 되지 못했을 것이다. 이 세상에는 조그마하고 우연한 일 때문에 큰일이 벌어진다. 하나님의 섭리는 놀랍다.

230 침묵하는 광대한 우주 속에서 길을 잃은 듯 홀로 내던져져 누가 자기를 여기에 오도록 했는지, 무엇을 하려고 했는지, 죽으면 어떻게 되는지도 모르는 것을 보면서 나는 두려움을 느낀다. 마치 자는 동안에 삭막하고 무서운 성에 납치되어 눈을 떠보니 자기가 어디에 있는지도 모르고 또 어떻게 빠져나갈지를 모르는 사람과 같은 두려움을 느낀다. 또한, 이토록 비참한 상태에 있는 인간이 어떻게 절망에 빠지지 않는지 참 놀랍기만 하다. *B693-L389*

> 해설 프랑스의 무신론 철학자 볼테르Voltaire는 이 구절을 보면서 파스칼이 인간 조건을 너무 의도적으로 비극으로 표현하고 있다고 비난한다. 파스칼의 팡세에서 우리는 허무와 회의를 본다. 파스칼은 누구보다 깊이 회의했다. 그러나 파스칼에게 있어서 회의와 허무는 이미 극복된 것임을 알아야 한다. 파스칼 자신의 실존적 두려움을 극명하게 보여주는 조각글이다.

231 이 무한 앞에서 도대체 인간이란 무엇인가. 인간이란 자연 속에서 무엇이란 말인가. 무한보다는 허무, 허무보다는 만유, 허무와 만유 사이의 중간자. 인간은 그가 끌리어 나온 허무도, 그 안에 삼킨 무한도 다 같이 볼 수 없다.

우리의 감각은 극단적인 것을 느끼지 못한다. 너무 큰소리는 귀를 먹게 하고, 너무 밝은 빛은 눈을 멀게 하며, 지나치게 멀거나 가까워도 잘 보지 못한다. 이야기가 지나치게 길거나 짧으면 뜻이 흐려지며, 지나친 진실은 오히려 우리를 놀라게 한다. 항상 정처 없이 떠다니는 우리는 한 끝에서 또 한 끝으로 떠밀리어 광활한 중간을 표류한다. 우리의 수명이 십 년이 연장된다 할지라고 영원 안에서는 있으나 마나 한 것이 아니겠는가. 이처럼 무한에서 보면 모든 유한은 아무것도 아니다.

인간은 자신에 대하여 가장 불가사의한 대상이다. 왜냐하면, 그는 육체가 무엇이며 더욱이 정신이란 무엇인가를 알 수 없거니와, 하물며 정신과 육체가 어떻게 결합되어 있는지를 알지 못한다. 바로 여기에 어려움이 있다. 그러나 이것이야말로 인간이 특별한 존재인 것을 보여준다.

B72-L390

[해설] 인간에 대한 놀라운 관찰이다. 인간은 영원히 알 수 없는 『미지의 존재』unknown man, Alexis Carrel이다. 이 무한 앞에 도대체 인간이란 무엇이란 말인가?

232 나는 서로 다른 많은 종교를 본다. 따라서 하나를 제외하고는 모든 것이 허위다. *B693-L389*

해설 파스칼은 다른 곳에서 "가짜가 있는 것은 진짜가 있기 때문이다"라고 말한다.

233 인간은 자연 중에서 가장 약한 한줄기 갈대에 불과하다. 그러나 인간은 생각하는 갈대다. 한 인간을 죽이려고 전 우주가 무장할 필요가 없다. 한줄기의 증기, 한방울의 물이면 그를 죽이기에 충분하다. 인간의 모든 존엄은 생각하는 데 있다. 우리가 자신을 스스로 높여야 한다면 이곳으로부터이요, 우리가 채울 수 없는 공간과 시간에 의해서가 아니다. 그러니 올바르기 생각하도록 노력하자. 여기에 또한 도덕의 근원이 있다. *B347-L391*

해설 유명한 '생각하는 갈다'의 조각글이다. 인간이 얼마나 무력하고 비참한가. 그러나 인간이 얼마나 위대하고 존엄한 존재인가. 인간은 하나님의 형상을 닮은 존엄한 존재임과 함께 비참한 죄인이다. 하나님의 형상과 죄인. 이 양극단에 기독교 인간관이 있다. '인간은 생각하는 갈대'다.

234 기독교를 보면 그곳에는 예언자가 있다. 이는 누구나 할 수 있는 것은 아니다. B693-L389

해설 또 한편으로 파스칼은 기독교 신앙의 진리성과 위대성을 예언과 기적에서 찾고 있다.

235 위로를 받아라. 그러나 이를 기대해야 할 것은 당신 자신으로부터가 아니다. 오히려 반대로 당신에게 아무것도 기대할 것이 없다는 사실을 알 때에야 진정한 기대를 할 수 있다. B517-L393

해설 인간에게 기대할 것은 아무것도 없다. 이것을 아는 것이 무엇보다 중요하다. 이것이 바로 '마음이 가난한 자'의 모습이다. '마음이 가난한 자가 복이 있다.' 마태복음 5장 2절

236 그렇다면, 인간이 어떻게 되는가. 하나님과 같은 존재인가. 아니면 짐승과 같은 존재인가. 이 둘 사이는 얼마나 끔찍한 거리인가. 그렇다면, 도대체 인간은 무엇이 될 것인가. 이 모든 점으로 보아 인간은 길 잃은 존재요 그 본래의 지위에서 떨어졌다는 것, 불안한 마음으로 찾으려 애쓰지만, 다시 찾을 수 없는 존재라는 것을 누가 알 수 있으며 누가 본래의 자리로 인도할 수 있겠는가. 가장 위대하다는 사람들도 이를 알 수 없었다. B431-L394

해설 이러한 인간의 모순은 인간이 본래 하나님의 영광의 빛을 가진 존재였으나 타락함으로 짐승과 같이 되었다고 성경은 보여준다. 오직 하나님만이 인간을 본래의 자리로 회복시킬 수 있다.

인간은 길 잃은 존재요, 그 본래의 지위에서 떨어졌다는 것. 불안한 마음으로 서성거리며 찾으려 하지만 다시 본래의 자리를 찾을 수 없는 존재다.

237 믿음에는 세 가지 수단이 있다. 곧 이성과 습관과 영감이다. 기독교는 영감 없이 믿는 사람을 예수 그리스도를 그의 진정한 아들로 인정하지 않는다. 그렇다고 영감이 이성과 습관을 배제하는 것은 아니다. 습관에 의해 자신을 견고히 할 필요가 있다. 그러나 겸손한 마음으로 영감을 받아야 한다. 이것이야말로 진정으로 바람직한 모습이다.

B245-L396

해설 영감은 성령의 인도하심을 말한다. 이성과 습관과 영감이 잘 조화된 신앙이야말로 좋은 믿음이다.

238 이렇듯 기독교는 의롭다고 생각하는 자에게는 두려움을, 그리고 정죄 받은 자에게는 위안을 줌으로써, 만인에 공통된 이 은총과 죄라는 이중의 능력을 통하여 두려움과 희망을 매우 공정하게 조절한다. 그리하여 도저히 이성으로서는 할 수 없는 사람을 한없이 강하게 낮추면서도 절망에 빠뜨리지 않고, 인간 본성이 교만할 수 있는 데까지 사람을 무한히 높여주면서도 자만에 이르게 하지 않는다.

B435-L402

해설 참된 신앙만이 위로와 희망을 줄 수 있다. 절망에 빠트리지 않으면서도 교만하지 않는 조화와 균형을 가지고 있다.

239 회개 없이 용서함을 받은 죄인, 사랑 없이 거룩함을 받은 의인, 예수 그리스도의 은총 없는 모든 기독교인, 인간의 의지를 꺾을 수 없는 무능한 하나님, 신비 없는 예정, 확실성 없는 속죄!

B884-L797

> 해설 잘못된 신앙의 모습들이 명쾌하게 말한다.

240 인간이 정치, 도덕, 법의 희한한 규칙을 이끌어낸 것은 욕망으로부터 생겨난 것이다. 그러나 실은 이 추악한 인간의 뿌리인 원죄는 이런 것들로 가려져 있을 뿐이지 제거된 것이 아니다. *B453-L405*

> 해설 세계와 인간을 외적인 제도로만 바꿀 수 있다는 생각은 비성경적이다. 인간의 추악한 뿌리가 무엇인지 알아야 한다.

241 예수 그리스도는 우리가 교만해지지 않고 그분에게 가까이 갈 수 있고 절망하지 않고 우리를 겸손하게 하시는 하나님이시다.

B528-L406

> 해설 참된 기독교인은 교만과 절망에 빠지지 않고 오히려 우리를 겸손하게 만든다.

242 어떤 종교가 참된 것이 되려면 인간의 본성을 알고 있어야 한다. 위대와 비참을 또한 그 이유를 알고 있어야 한다. 기독교를 제외하고 그 어떤 종교가 이를 알고 있는가. *B433-LA09*

해설 인간의 위대성은 하나님의 형상Hmago dei으로 지어졌으나 죄로 말미암아 인간은 비참한 존재가 되었다.

243 한 사람이 지어 많은 사람이 보는 책과 한 민족 전체가 만드는 책과는 커다란 차이가 있다. 성경이 이스라엘 민족과 더불어 오래된 책인 것은 누구나 아는 사실이다. *B628-LA15*

해설 구약성경은 한 개인이 아닌 한 민족이 수천년 걸쳐 유대인이 만들어낸 역사적 소산물이다.

244 한 분 하나님이 계신다면 오직 그분만을 사랑해야 한다. 일시적인 피조물을 사랑해서는 안 된다. 따라서 우리를 피조물에 집착하도록 하는 모든 것은 악이다. 왜냐하면, 이것은 하나님을 사랑하는 것을 방해하고 또 우리가 하나님을 고를 때 그를 찾는 것을 방해하기 때문이다. 그러므로 우리 자신을 미워해야 하고 오직 하나님 이외의 것에 집착하게 하는 모든 것을 미워해야 한다. *B479-LA17*

해설 오직 하나님만을 사랑하고 오직 자신을 미워해야 한다.

245 자기 안에 있는 자애심과, 스스로 하나님이 되고자 하는 이 본능을 증오하지 않는 자는 참으로 눈먼 자다. *B492-L418*

해설 인간은 모든 부문에서 자기 주장과 하나님처럼 되기를 원한다.

246 죽음도 두려워하지 않을 증인을 갖는 역사만을 나는 믿는다.

B598-L421

해설 '죽음도 두려워하지 않을 증인'은 이스라엘 민족을 말한다. 이스라엘 민족은 독특한 선민의식을 가진 민족으로 그들은 역사 속에서 실제로 목숨 걸고 그들의 여호와 신앙과 성경을 지켰다. 파스칼은 이점을 주목하고 있다.

247 복음서의 내용을 보면 여러 가지 면에서 경탄스럽다. 그중에도 특히 예수 그리스도의 적과 그를 죽인 자들에 대하여 조금도 욕설을 가하지 않은 점에서 그렇다. 유다, 빌라도, 그리고 다른 유대인에 대해서도 그들을 미워하거나 공격하는 복음서 기자는 한 사람도 없다. *B798-L428*

해설 파스칼은 신구약 성경을 외우다시피 했다. 누가 성경을 잘못 인용하면 즉시 교정해주었다. 파스칼은 당시 카톨릭 사상과 달리 종교개혁자 칼빈, 루터처럼 오직은혜, 오직믿음, 오직성경을 강조했다. 그래서 당시의 카톨릭 신학자들은 파스칼을 '변장한 칼빈니스트'라고 불렀다. 파스칼은 신학 사상적으로 토마스 아퀴나스Thomas Aquinas를 따르는 사람이 아니라 아우구스티누스 Aurelius Augustinus를 따랐다.

248 그 신앙에서 하나님을 만물의 원리로 경배하지 않는 종교, 그 도덕에서 하나님을 만물의 목표로 하여 사랑하지 않는 종교는 모두가 거짓이다. *B487-LA22*

해설 하나님을 믿는 것만이 진실이요, 하나님 없는 종교나 철학은 모두 거짓이다.

249 모든 사람을 위해 돌아가신 예수 그리스도, 한 백성을 위한 모세. 예수 그리스도는 십자가의 제사를 만인을 위하여 바치셨다.

B774-LA23

해설 유대교는 위대하다. 그러나 예수 그리스도는 더 위대하며 그리고 보편적이다. 왜냐하면 모세는 한 민족을 위해 왔고, 예수님은 온 인류를 위하여 십자가에 목박히셨다. "그리스도는 모세보다 더욱 영광을 받을 자"이다. 히브리서 3장 3절

250 만일 자신이 얼마나 교만하고 야심과 욕심에 차 있고 결함투성이며 비참하고 불의한가를 깨닫지 못한다면 그는 눈먼 사람이다. 만일 이를 알면서도 이것으로부터 구원받기를 원하지 않는다면 이런 사람에 대해서는 무어라 말할 것인가? *B450-L427*

> 해설 무엇보다 자신의 비참과 모순을 알아야 한다. 이것을 깊이 경험하지 못한 신앙은 교만과 야심과 욕심으로 차 있는 인간이다. 잘못된 신앙이란 바로 이런 신앙이다. 그런데 이런 신앙을 가진 자들을 현실 속에서 많이 보는 것은 안타까운 일이다.

251 기독교에는 무엇인가 놀라운 것이 있음을 말하지 않을 수 없다. 이렇게 말하면 내가 그 안에서 태어났기 때문이라고 말할지 모른다. 천만의 말이다. 오히려 나는 혹시 이 선입관에 끌려 들어가는 것은 아닐까 하고 경계한다. 아니 비록 그 안에서 태어났다 할지라도 나는 기독교에 놀라운 것이 있음을 인정하지 않을 수 없다.

B615-L429

> 해설 이것은 파스칼이 어떤 선입관도 없이 신음하면서 추구한 결과라고 고백한다.

252 부활과 동정녀 탄생에 대하여 말이 많다. 그러나 생각해보라. 사람이나 짐승을 낳는 것과 이를 다시 재생시키는 것 중 어느 편이 더 어렵겠는가? 만일 지금까지 본 적이 전혀 없는 짐승을 보면서 그 동물이 서로 교배를 통해서 태어난 것인지, 아닌지를 어떻게 알 수 있는가?　　　　　　　　　　　　　　　　　　　　　　*B223-L434*

해설　부활과 동정녀 탄생을 믿지 못하는 것은 단지 습관 때문이지 이성적으로는 불합리할 것도 없다.

253　예언자들은 예수 그리스도에 관하여 무엇이라 말했는가? 그가 하나님처럼 오실 것이라고 말했는가? 아니다. 오히려 그는 참으로 숨어 계시는 하나님이시다. 그는 부인될 것이다. 그는 메시아로 받아들여지지 않을 것이다. 그는 오히려 걸림돌이 되어 많은 사람이 넘어질 것이다. 모든 것이 분명했다면 아무도 예수 그리스도에 넘어질 사람은 없을 것이다. 그런데 이 모호함이 예언자의 명백한 의도 중의 하나다.　　　　　　　　　　　　　　　　　　　　　　　*B751-L435*

해설　메시아의 오심에 대한 예언은 애매한 것으로 왔다. 예수님은 이 세상에 명백하게 예언대로 오셨으되 오히려 그것이 걸림돌이 될 것이다. 숨어 계시는 하나님이시기 때문이다.

"부딪히는 돌과 걸려 넘어지게 하는 바위가 되었다." 이사야 28장 16절, 베드로전서 2장 8절

254 이해할 수 없는 것이라 해서 존재하지 않는 것은 아니다.

B430-L309

해설 왜냐하면, 인간은 아직도 너무 많은 것을 모르고 있기 때문이다.

255 하나님은 인간이 이성보다 의지를 다스리기를 원하신다.

B581-L441

해설 신앙에는 의지가 이성보다 더 중요하다. 파스칼은 지금까지 신앙에 있어 이성의 무능함을 말한 다음 '하나님은 우리의 의지를 다스리기를 원하신다'고 말씀하신다.

256 예수 그리스도께서는 밝히 보는 자를 오히려 눈멀게 하시고, 눈먼 자를 보게 하시고, 병자를 고치시고, 오히려 건강한 자를 죽게 하시며, 죄인을 회개케 하여 의롭게 하시고, 의인을 그들의 죄 속에 두시며, 가난한 자를 충만케 하시고, 부자를 공허케 만드셨다.

B771-L442

해설 사람을 변화시키는 예수 그리스도의 능력과 그분께서 하신 일의 역설을 보여준다.

257 택함을 받은 자들을 눈뜨게 하기에 충분한 빛이 있고, 그들을 낮추기에 충분한 어둠이 있다. 버림받은 자들을 눈멀게 하기에 충분한 어둠이 있고, 그들을 정죄하고 용서받지 못하도록 하기에 충분한 빛이 있다. B578-L443

해설 믿는 자들은 택함을 받은 자들이고 택함을 받은 자들은 믿는 자들이다. 진정으로 믿는 자들은 그들이 믿음을 가질 만한 확실한 증거를 가지고 있다. 또한 믿지 않는 자들은 버림받을 만큼 눈이 멀어 있다.

258 이렇듯 하나님이 숨어 계신 분이라면 하나님이 숨어 있음을 말하지 않는 모든 종교는 참된 것이 아니다. 또한, 그 이유를 설명하지 않는 어떠한 종교도 사람을 구원할 수 없다. 기독교는 이 모든 것을 가르친다. B585-L449

해설 파스칼은 역설의 대비를 통해서 숨어 계시는 하나님을 자주 말한다.

259 우리의 종교는 참으로 신성하다. 또 하나의 신성한 종교를 기반으로 가질 만큼 성스럽다. B601-L450

해설 '또 하나의 신성한 종교'는 유대교를 말한다. 우리의 신앙은 이천 년의 역사를 가진 유대교를 기반으로 하여 태어났다.

260 영원한 존재자는 한번 존재하면 영원히 존재한다.

B559-L319

> **해설** 영원하신 하나님은 한번 계시면 영원히 존재하신다. 왜냐하면, 하나님은 본질상 영원하신 분이기 때문이다.

261 기독교가 진리인 것을 어떻게 알 수 있는가.
- 자연에 어긋난 것임에도 그처럼 확고히, 그처럼 순순히 서 있다.
- 진정한 기독교인들의 모습에 나타난 마음의 청결함과 높음과 겸허.
- 성경에 나타난 놀라운 사건들.
- 특히 예수 그리스도.
- 특히 사도.
- 특히 모세와 예언자.
- 유대민족.
- 예언.
- 계속성. 어떠한 종교에도 계속성이 없다.
- 모든 것을 설명하는 교리.
- 율법의 신성.
- 믿음이 없는 사람들의 모습.

B289-L459

> **해설** 파스칼이 팡세를 어떻게 구성할 것인가를 정리한 내용이다. 하나 하나가 성경신학적으로 많은 내용을 담고 있다.

262 천지창조가 차츰 기억 속에 희미해지기 시작하자 하나님은 당대 유일의 역사가를 마련하시고, 한 민족에게 이 책의 수호를 맡기셨다. 이는 이 역사가 세계의 가장 진실한 것이 되어, 만인이 반드시 알아야 할 것을 이 책을 통해 알되 이 책이 아니고서는 배울 수 없도록 하셨다. *B622-L458*

> [해설] '이 책'은 구약성경 특히 모세오경 중 창세기를 말한다. 하나님의 계시 없이는 우리는 세계의 기원에 대하여 아무것도 알 수 없다.

263 천지창조와 대홍수의 기적이 잊혀질 만하자 하나님은 모세에게 율법과 기적, 그리고 특별한 사건들을 예언하는 예언자를 보내셨다. 하나님은 또한 여러 예언과 그 성취를 준비하신다. 그러나 예언은 의심을 받을 수 있기 때문에 하나님은 그런 의심을 받지 않도록 준비하셨다. *B576-L461*

> [해설] 성경에서 말하는 예언자는 단순히 앞일을 미리 말하는 자의 의미보다 하나님의 계시를 받고 전하는 자며 하나님 말씀에 복종하는 자들이다.

264 신앙은 서로 모순되는 듯이 보이는 여러 진리를 포용한다. 서로 다른 듯이 보이면서도 더 높은 차원에서 하나가 될 수 있는 수많은 진리와 신앙과 도덕이 있다. 모든 이단은 진리 중의 몇 가지를 배척하는 데 있다. 또한, 이단자들의 특징은 전체적인 진리 중의 어떤 것을 모르는 데 있다. 그러므로 이단을 방지하는 가장 확실한 방법은 진리의 전부를 가르치는 일이다. 또한, 그들을 논박하는 가장 확실한 방법은 진리 전부를 밝히는 일이다.   B862-LA62

> 해설 이단異端은 양쪽 끝자리를 말한다. 양극단을 말하며 한쪽만을 아는 것이 이단이다. 사이비似而非는 사似는 '비슷하다'는 말이고 이非는 '아니다'는 뜻으로 비슷한 것은 가짜다. 似=非

265 사악한 사람이란 진리를 알되 자신의 이해가 관계되는 한에 있어서만 이를 지지하는 사람들이다. 그렇지 않았으면 그들은 진리를 버린다.   B583-LA63

> 해설 사탄은 진리를 옹호한 것처럼 보이지만 단지 부분적으로 강조할 뿐이다. 그것도 자기의 이익을 위해서.

266 이와 같은 이유에서 나는 다른 모든 종교를 거부한다. 그곳에 나는 모든 항의에 대한 답변을 발견한다. 그처럼 순수한 하나님이 순수한 마음을 가진 사람에게만 자신을 나타내심은 옳은 일이다. 이로써 기독교는 내가 진정 사랑할 수 있는 것이요, 이처럼 위대한 도덕

은 이미 충분한 권위를 가지고 있다고 나는 생각한다. 그러나 그 이상의 것을 나는 본다. *B737-LA66*

> 해설 파스칼의 신앙고백이요 선언이다.

267 인간의 기억이 존속한 이래로 여기 어떤 민족보다 오랜 한 민족이 존속하고 있음은 효과적이라고 본다. 끊임없이 예고되기를, 인간은 전반적인 타락 속에 있지만 한 구속자가 오실 것이라고 하였다. 또한, 이를 말하는 것은 한 사람이 아닌 많은 사람이었고 특별히 지음을 받은 한 민족 전체가 사천 년 동안 예언하였고, 그들의 책이 사백 년 동안 널리 퍼졌다. 이 책을 살펴보면 볼수록 나는 진리를 그곳에서 발견한다. 한 민족 전체가 그가 오시기 전에 그를 예언하고, 한 민족 전체가 그가 오신 후에 그를 경배한다. 앞선 것과 뒤따른 것, 그리하여 마침내 이스라엘이 메시아를 버림으로써 우리에게 이 예언의 진실성을 증거하는 훌륭한 증인이 된다. *B737-LA66*

> 해설 파스칼은 성경을 증거하기 위해 예언을 여러 곳에서 말한다. 구약성경은 한마디로 예언의 책으로 메시아 왕국-하나님나라를 대망하는 책이며 예수그리스도께서 오심으로 이 모든 것이 성취되었다. 이스라엘이 메시아이신 예수 그리스도를 부인함으로써 오히려 훌륭한 증인이 되었다.

268 나는 그 권위에서, 존속에 있어서, 영속성에서, 도덕에서, 행동 및 영향 등에 있어서 그처럼 신적인 최초의 장엄한 종교를 찬양한다. 이렇듯 나는 나의 구주에게 두 팔을 내민다. 그는 사천 년 동안 예언되던 끝에, 예언된 시기와 모든 환경 가운데 땅 위에 오시어, 나를 위하여 고난을 당하시고 죽음을 당하셨다. 그의 은총으로 그리고 그에게 영원히 연합되리라는 희망 가운데 나는 평안한 죽음을 기다린다. 나는 그분이 나에게 주고자 원하신 은혜 가운데서, 또는 나를 위하여 보내사 그의 본을 따라 참고 견디는 고난 가운데서 기쁨으로 살아간다. *B737-L466*

> [해설] 얼마나 아름다운 신앙고백인가! 우리도 파스칼의 신앙을 본받자.

269 어떤 상속자가 그 집의 재산문서를 발견한다면 아마도 이것은 위조일 것으로 생각하고 이를 검토해보는 것을 게을리할 것인가.
B217-L468

> [해설] 여기 '재산문서'는 성경을 말한다. 놀라운 보화가 감춰진 성경에 대해 게으르지 말고, 무관심하지 말고 성경을 알아보라는 의미다.

270 우리의 종교는 지혜로우면서도 어리석다. 지혜롭다 함은 가장 깊은 지혜가 넘쳐 있기 때문이요, 기적, 예언, 등 위에 가장 견고히 서 있기 때문이다. 어리석다 함은 이런 것이 사람으로 하여금 신앙을 갖게 하는 것은 아니기 때문이다.   *B588-L469*

> 해설 기독교는 기적과 예언의 확실한 기반 위에 서 있지만 그러나 이것이 믿음을 갖게 하는 것은 아니다. 하나님께서 주시는 은총이 필요하다. 그 때 우리의 눈이 열린다.

271 기독교 안에 있는 두 개의 기반, 은총과 기적. 하나는 내면적이요, 하나는 외면적이다. 둘 다 초자연적.   *B805-L470*

> 해설 기독교는 모든 것을 포괄한다.

272 율법은 스스로 줄 수 없는 것을 명한다. 그러나 은총은 자기가 명한 것을 준다.   *B522-L767*

> 해설 은혜를 깨달은 성도는 기꺼이 자신을 쳐 복종케 한다.

273 기적을 합리적으로 부정한다는 것은 불가능하다.   *B814-L894*

274 무슨 이유로 그들은 부활이 있을 수 없다고 말하는가? 태어나는 것과 부활하는 것, 일찍이 없었던 것이 생기는 것과 있던 것이 되살아나는 것 중 어느 것이 더 어렵겠는가? 없던 것이 생겨나는 것보다 되살아나기 더 어렵다는 말인가? 단지 습관이 다시 살아난다는 것을 불가능하다고 생각하게 할 뿐이다. 이 얼마나 잘못된 판단인가! 무슨 이유로 처녀가 아이를 낳을 수 없겠는가? 암탉이 수탉 없이도 알을 낳지 못한단 말인가? *B222-L471*

> 해설 왜 죽은 자가 다시 살아날 수 없단 말인가!
> 처녀가 아이를 낳을 수 없는 것이 왜 이해할 수 없고 암탉이 수탉 없이도 알을 낳을 수 있다는 것이 왜 불합리한가? 단지 습관이 그렇게 생각하게 할 따름이다. 없다가 있는 것이 쉬운가, 있다가 다시 있는 것이 쉬운가?

275 기적을 의심스러운 것이라고 말하는 자를 나는 얼마나 증오하는가! *B813-L897*

> 해설 기적이 이성으로 받아들일 수 없다는 사람들, 특히 몽테뉴와 그를 추종하는 회의주의자들에게 한 말이다.

276 유일하신 하나님을 사랑해야 한다는 것은 너무나도 분명한 일이기 때문에 이를 증명하기 위하여 굳이 기적이 필요하지 않다.

B837-L881

해설 기적을 보면 하나님을 믿겠다고 말하지 마라. 그것은 하나의 도피요 변명일 뿐이다.

277 묘약을 가졌노라고 말하는 사기꾼을 믿고 심지어는 생명을 그들에게 내맡기는 일까지도 하는 까닭은 무엇일까 하고 생각해본즉, 이 세상에 과연 참된 약이 있기 때문이라는 것을 나는 알았다. 왜냐하면, 만일 참된 약이 전혀 없었다면 그처럼 많은 거짓된 약이 있을 수 없거니와, 이를 그처럼 신용할 까닭도 없을 것이기 때문이다.

B817-L477

해설 이 세상에는 진짜와 가짜 밖에 없다. 모든 것은 둘 중 하나일 뿐이다.

278 만일 믿음과 사랑이 식어서 교회에 참된 성도가 없게 될 때 기적이 교회를 다시 일으킬 것이다. 이것이 은총의 마지막 역사다.

B851-L908

해설 성경과 교회 역사에서 사람이 볼 때는 신앙의 불길이 꺼진 것 같을 때 하나님께서는 성령의 바람으로 큰 기적을 일으켜 다시 살리신 것을 우리는 볼 수 있다. "내가 이 반석 위에 내 교회를 세우리니 음부의 권세가 이기지 못하리라" 마태복음 16장 18절

279 거짓된 기적, 거짓된 계시, 마술 등등이 이처럼 많은 까닭은 무엇일까 하고 생각해본즉, 세상에는 진실한 것이 있기 때문이라는 것을 나는 알았다. 왜냐하면, 참된 기적이 없었던들 거짓된 기적도 없었을 것이요, 참된 계시가 없었던들 거짓된 계시도 없었을 것이며, 참된 종교가 없었던들 거짓된 종교도 없었을 것이기 때문이다.

B818-L478

해설 이 세상에는 거짓된 것과 참된 것이 있다. 우리가 이것을 분별할 줄 알아야 한다. 그렇지 않으면 미신에 빠질 수 있다.

280 기적은 이미 있었던 만큼 이제 필요치 않다.

B832-L798

해설 지금은 기적이 없다는 말이 아니라 한번 기적이 있는 것이 확실하다면 이제는 기적이 없어도 확실하다는 말이다.

281 거짓 기적이 이토록 많은 것으로 보아 기적이 없다고 결론을 지을 것이 아니다. 오히려 거짓 기적이 이토록 많은 것을 보면 진실하고 확실한 기적이 있으며, 거짓이 있는 것은 곧 진실한 것이 있다는 것을 알 수 있어야 한다. 종교에 대해서도 이와 같이 생각할 수 있다. 참된 종교가 없었던들 사람들이 거짓된 종교를 생각했을 리 만무하기 때문이다.

B817-L477

해설 거짓이 있는 것은 참이 있기 때문이며 참이 있는 것은 거짓을 보아 알 수 있다.

282 성경의 뜻을 가르치고자 하면서 이를 성경에서 얻지 않는 자는 성경의 적이다. *B900-L485*

> 해설 파스칼은 종교개혁자들과 같이 "오직 은혜', '오직 믿음', '오직 성경'을 말한다.

283 모든 것을 글자 그대로 해석하는 것, 그리고 모든 것을 영적으로 해석하는 것은 둘 다 잘못0 다. *B648-L486*

> 해설 파스칼은 항상 두 극을 배제하고 있다. 오늘날 보수적인 문자주의 신학과 자유주의 신학이 여기에 해당한다.

284 한 저자의 뜻을 이해하려면 모든 모순된 구절을 조화시킬 필요가 있다. 이렇듯 성경을 이해하는 데 있어서도 모순된 구절이 서로 조화되어 하나의 의미가 있어야만 한다. 몇몇 일치하는 구절에만 적용되는 의미가 있는 것으로는 충분치 않다. 상호 모순되는 구절까지도 조화시키는 의미가 있어야 한다. *B684-L491*

> 해설 성경을 이해하기 위해서 모름지기 모순을 알아야 한다. 파스칼은 이미 '성경비평'이 역사적으로 없을 때에도 성경비평을 하고 있음을 보여준다.

285 예수 그리스도 안에서 모든 모순은 조화된다.   *B684-L491*

286 만일 구약에서 말하는 율법, 제사, 왕국이 궁극적인 실재라고 생각한다면, 신구약성경을 조화시킬 수 없다. 따라서 필연적으로 이것들이 모형인 것을 알 수 있다. 그렇지 않고서는 한 저자, 한 책, 아니 때로는 한 장의 구절조차도 일치시킬 수 없을 것이다.   *B684-L491*

> 해설 파스칼은 신약과 구약의 조화와 일치가 상징, 모형론적 해석을 통해서 가능하다는 것을 말하고 있다. 예수 그리스도는 모든 모순을 조화시키는 열쇠다. 구약과 신약은 상호관계를 갖는 하나다. F.F. Bruce의 책의 제목 가운데 This is That이 있다. 구약은 신약이요 신약은 구약이라는 말이다.

287 예수 그리스도, 만인의 구속자, 그렇다. 왜냐하면, 예수 그리스도는 자기에게 돌아오고자 원하는 모든 사람에게 구원을 베푸신다. 예수 그리스도는 만인을 위한 구속주가 아니시다. 예수 그리스도는 그가 구속하는 사람에 한해서 모든 사람의 구속주가 되신다.

B781-L770~2

> 해설 예정론을 말하고 있다. 예정론은 자유의지를 배제하는 것이 아니다. 예정론과 자유의지5는 함께 간다.

288 메시아의 초림 시기는 짐짓 예고되어 있으나, 메시아의 재림 시기는 예언되어 있지 않다. 왜냐하면, 전자는 은밀한 것이어야 했으나, 후자는 눈부시고 명백한 것으로서 그의 원수들까지도 인정하지 않을 수 없을 것이기 때문이다. B757-LA95

> 해설 예수그리스도의 초림과 재림.
> "예수께서 이르시되 내가 그니라 인자가 권능자의 우편에 앉은 것과 하늘 구름을 타고 오는 것을 너희가 보리라" 마가복음 14장 62절

289 메시아를 죽인 유대인들을 보라. 만일 예수님을 메시아로 받아들인다면, 메시아 대망의 예언을 받은 자들이 받아들임으로써 그를 증거하게 될 것이며, 만일 그를 거부한다면 이 거부로써 또한 그를 증거하게 되는 것이다. B762-LA96

> 해설 그러나 유대인이 메시아를 거부할 것이 예언되어 있다. 이사야 53장 1절

290 구약성경에 나타난 이 모든 제사와 의식은 모형이 아니면 별 의미가 없다. 그런데 별 의미가 없는 것이라고 하기에는 확실한 많은 내용이 담겨 있다. 예언자들이 구약에 그들의 눈을 한정시켰는가, 그렇지 않으면 그곳에서 다른 것을 보았는가를 알아볼 것.

B680-L501

> **해설** 구약이 예언적, 모형적, 상징적인 의미가 있음을 말하고 있다. 그런 의미에서 구약을 문자적으로만 보아서는 안 되고 무엇을 상징하고 가리키는가를 보아야 한다. 모든 것은 메시아이신 예수님을 가르킨다. 예수님은 구약의 내용의 본질을 해석하시고 적용하러 오셨다. "내가 온 것은 율법을 폐하러 온 것이 아니요 완전하게 하려 함이라" 마태복음 5장 17절

291 이 모든 것이 상징이요 모형이다. 하나님나라는 육에 있지 않고 영 속에 있다. 인간의 원수는 바벨론인이 아니라 곧 그들의 욕망이다. 하나님은 손으로 만든 성전이 아니라 맑고 겸허한 마음을 기뻐하신다. 육체의 할례는 무익하며, 마음의 할례야말로 필요한 것이다. 유대인은 상징과 모형 자체를 너무나도 사랑하고 열렬히 기다린 나머지, 예언된 시기와 방식에 따라 실체가 왔을 때 이를 오해하였다.

B670-L504

> **해설** 구약은 신약을 통해서만 그 의미를 알 수 있다. 신약은 구약을 통해서만 그 의미가 있다. 정작 예수님이 오셨을 때 그들은 메시아의 모습을 보지 못했다.

292 하나님의 말씀은 진리다. 글자 그대로 그릇된 것일 때도 영적으로 진실이다. "내 우편에 앉아라"시편 110:1, "노를 발하시고"이사야 5:25 와 같이 글자 그대로는 말이 안 되지만 영적으로는 옳다.

B687-L506

해설 하나님이 실제로 우편에 앉으시고 노를 발하시는 것은 아니지만 이러한 비유와 상징을 통해서 하나님의 모습을 안다. 이것을 신학적으로 신인동형神人同型적 표현이라 부른다. 하나님의 행동과 표현을 인간적 한계 안에서 보여준다.

293 사람의 일상생활은 성자의 생활과 비슷하다. 그들은 다 같이 만족을 추구한다. 다만, 만족을 어디에 두고 있는지가 다를 뿐이다.

B643-L509

해설 사람은 무엇으로 만족하는가에 따라 다른 삶을 살아간다.

294 구약은 부호다.   B691-L510

해설 구약성경은 예언, 상징, 모형으로서 의미가 있다. 구약의 이스라엘은 새 이스라엘-교회, 구약의 성전은 참 성전-예수그리스도의 예언이요, 상징이요, 모형이다. 그런 의미에서 구약은 부호다.

295 기독교를 거부하는 사람 중에 유대인이 믿지 않는다는 것을 이유로 삼는 사람이 있다. "이것이 그처럼 명백하다면, 왜 그들은 믿지 않을까?" 하고 그들은 말한다. 그리하여 "유대인이 거부하지 않고 주저하지 않고 믿었더라면"하고 말한다. 그러나 유대인의 거부야말로 우리 신앙의 기반이다. 만일 그들이 우리 편에 섰다면 우리는 오히려 믿기 어려웠을지도 모른다. 그렇게 되면 우리는 더욱 큰 구실을 제공하게 될 것이다. 그러므로 유대인이 예언에 대하여 커다란 사랑을 갖게 하면서도 동시에 그 성취에서 커다란 적이 되게 한 것은 경탄할 만한 일이다.

B745-L507

> **해설** 유대인은 메시아의 오심을 예언을 통해서 알고 큰 소망을 품고 기다렸다. 그러나 정작 메시아가 오자 그를 죽였다. 성경은 이것까지 예언되어 있다. 이사야 53장은 유대인들이 메시아가 오실 때 화려하지 않은 그 외모 때문에 믿지 않은 것에 대하여 말하고 있다. 유대인들은 오실 메시아가 위대함과 영광에 찬 모습으로 오실 줄 알았다. 고난의 메시아가 아닌 영광의 메시아를 기대했다.

296 메시아를 믿게 하려면 선행하는 예언이 있어야 했으며, 이 예언이 의심받지 않는 부지런하고 충실하고 뛰어나게 열성적이면서도 온 땅에 알려진 사람들에 의해 보존되어야 했다. 이 모든 것을 성취하기 위하여 하나님은 이 백성을 택하여 메시아를 구세주로, 그리고 그들에게 복을 주시는 자로 오실 것을 그들에게 위탁하신 것이다. 그리하여 이 백성은 그들의 예언자에 대하여 비상한 열정을 품었으며, 메시아를 예고하는 책을 만인의 눈앞에 보존하면서, 메시아가 오시리라는 것과 구약성경에서 예고된 형태대로 오시리라는 것을 온 세상에 확언하였다. 그러나 이 백성은 비천하고 가난한 메시아가 오시자 오히려 그의 가장 잔인한 원수가 되었다.

이렇듯 그들의 수치인 예수 그리스도를 버리고 십자가에 못박은 사람들이 곧 예수를 증언하는 척 즉, 예수가 버림받고 멸시받으리라는 것을 말하는 책을 보존하고 있다. 결국, 이 백성은 예수를 거부함으로써 그를 받아들인 의로운 유대인에게나 그를 거부한 불의한 유대인들에게 동시에 증거가 되었다. 이 둘은 다 예언된 일이다.

예수 그리스도가 '거치는 돌'이 되리라는 예언이 바로 이것이다. 그러나 '그로 인하여 실족하지 않는 자는 복되다.' 호세아도 이렇게 분명하게 말하였다. "누가 지혜가 있어 이런 일을 깨달으며 누가 총명이 있어 이런 일을 알겠느냐. 여호와의 도는 정직하니 의인이라야 그 도에 행하리라. 그러나 죄인은 그 도에 거쳐 넘어지리라."

B571-L518

해설 이스라엘 민족은 위대하다. 예수 그리스도도 위대하다. 이스라엘 민족은 구약성경과 예언자들의 말을 보존하기 위해서 끊임없는 멸망의 위기 속에서도 존속해 왔다. 이는 "역사의 기적이요 기적의 역사다" 그러나 놀랍게도 메시아이신 예수님이 오실 때 유대인들이 그를 거부할 것이라는 것까지 예언되어 있다. 그는 유대인들에게 '거치는 돌', '걸리는 반석'이사야 8장 12절이 되었다.

297 욕망은 사랑과 흡사하면서도 전혀 다르다. *B663-L526*

해설 욕망과 사랑은 열정을 불러일으키는 면에서 흡사하지만, 목적에 있어서는 서로 다르다.

298 구약은 앞날의 기쁨을 보여주고, 신약은 기쁨에 도달할 방법을 보여주고 있다. *B666-L527*

해설 예수 그리스도를 중심으로 한 예언과 그 성취를 말하고 있다. '구약과 신약의 관계'를 존 브라이트John Bright『하나님나라』에서 "구약은 항상 미래시제로 말한다.보라 날이 이르리니, 예레미야 31장 31절 그러나 신약에서는 그 시상時相은 소리 높이 울려퍼지는 현재직설법이다."고 말한다.

299 복음서는 병든 영혼의 상태를 병든 육체를 통해서 보여준다. 그러나 한 사람의 몸으로서는 아무리 병든다 하여도 이를 충분히 나타낼 수 없으므로 많은 종류의 사람이 필요했다. 그러기에 귀머거리, 벙어리, 장님, 중풍환자, 죽은 나사로, 귀신 들린 자가 있다. 이 모든 모습이 병든 영혼 속에 있다. B658-L534

> 해설 인간은 모든 면에서 병들어 있다. 그러나 예수님은 이 모든 것을 치유하시는 분이다. 제임스 칼라스James Kallas가 『공관복음서와 기적의 의미』에서 달한 바와 같이 인간의 몸 뿐만 아니라 하나님나라는 세계의 회복, 인간의 회복을 그리고 모든 고통의 치유를 보여 주는 것이다.

300 "사람의 마음의 계획하는 바가 어려서부터 악함이라"창세기 8장 21절 이렇게 악의 요소가 인간이 태어날 때부터 있다. 그리고 이러한 악한 생각은 날마다 새로운 힘을 가지고 나타난다.시편 37징 32절

B635-L536

> 해설 인간의 악한 죄성은 끝없이 새롭게 펼쳐진다.

301 인간의 본성과 이성과 쾌락에 반대되는 종교만이 항상 존재할 수 있는 유일의 것이다. *B605-L543*

> 해설 끝내 남는 것은 인간적인 것이 아니라 인간의 본능에 반하는 것이다. 유진 피터슨Eugene H. Peterson이 말한 대로 '소비자 중심 교회는 사단의 교회'인데도 한국교회 안에 인간의 본성과 쾌락을 만족시키려는 놀라운 현상이 일어나고 있다.

302 인간의 이 세계 초기에는 온갖 종류의 혼란 속에 휩쓸려 있었다. 그 가운데서도 에녹, 라멕, 노아, 아브라함과 같은 성자들이 있어 태초로부터 약속된 그리스도를 참을성 있게 기다렸다. 야곱은 죽으면서 말을 이을 수조차 없을 정도의 감격을 가지고 이렇게 외쳤다. "여호와여, 나는 주의 구원을 기다리나이다"창세기 49장 18절

B613-L540

> 해설 구약의 역사는 끊임없이 메시아-하나님나라를 향하여 나아가는 역사다. 엑카르트Meister Eckhart, 1260~1327는 "야곱이 잠이 깨어 가로되 여호화께서 과연 여기 계시거늘"창세기 28장 16절을 인용하면서 "하나님나라의 현재성을 말한다"고 했다.

303 참으로 놀라운 사실은 항상 존속한 이 종교가 끊임없이 공격받아 왔다는 사실이다. 이 종교는 몇천 번이나 완전히 없어질 위기를 당했다. 그러나 이와 같은 상태에 있을 때마다 하나님은 비상한 힘을 통하여 이를 되살리셨다. 또한, 놀라운 것은 이 종교가 폭군들의 박

해 속에서도 꺾이지도 휘지도 않은 채 자신을 스스로 지켜왔다는 일이다. *B613-L540*

> **해설** 유대교와 기독교는 역사 속에서 많은 위기를 당했다. 없어질 것 같은 위기 속에서도 하나님은 이 신앙을 다시 되살리셨다. 특히 유대교에서 더 그러하다.

304 천지창조와 대홍수가 끝나고, 하나님은 이제 세계를 파괴하실 일도 이를 재창조하실 일도 그리고 자신의 그와 같은 큰 표적을 주실 일도 없게 되자, 하나의 민족을 땅 위에 세우기 시작하셨다. 이 민족은 메시아가 하나님의 성령에 의하여 만드실 백성이 나타날 때까지 존속하도록 특별히 지으신 것이다. *B621-L551*

> **해설** 이스라엘은 하나님이 특별히 선택한 특별한 민족이다. 그리고 거기에는 인류 구원의 목적이 있었다. 성경을 이해하는 데서 이스라엘 민족을 이해하는 것은 매우 중요하다. 하나의 민족-이스라엘-교회를 통한 하나님나라의 구현을 말한다.

305 이 민족은 단순히 오랜 것이라는 사실로 중요한 것은 아니다. 시작으로부터 지금까지 이 민족은 갖은 고난 속에서 살아왔다는 점이다. 그들보다 훨씬 후에 나타난 많은 민족들은 이미 오래전에 멸망해버렸는데 이 민족은 지금까지 존속하고 있다. 몇백 번이나 그들을 멸망시키려던 제왕들의 노력에도 그들은 항상 보존됐거니와, 이 보존은 예언되었던 것이다. 그리하여 그들의 역사는 태초로부터 지금까지 유지되고 있다.

이 민족을 다스리는 율법은 이 세상의 가장 오랜 율법인 동시에 가장 완전한 것이요, 한 민족 안에서 중단됨이 없이 항상 보존된 유일한 것이기도 하다. 또한, 이처럼 반역적이고 성급한 민족에 의해 이 율법이 몇 세기를 통해 변함없이 유지되어 왔다는 것은 참으로 놀라운 일이다. 그동안 다른 모든 국가는 그들이 가진 법률이 극히 온화한 것이었음에도 수시로 변경하였던 것이다. *B620-L552*

> **해설** 하나님이 선택한 민족이 이집트, 앗시리아, 페르시아, 바벨로니아 그리고 그리스, 로마 등으로부터 지속적이고도 엄청난 시련을 당하면서도 그들이 율법을 지켜왔다는 것은 놀라운 일이다! 로마가 유대인들의 유일신 신앙을 인정한 것은 죽음을 불사하는 결단으로 대드는 모습에 어쩔 수 없이 인정한 것이다.

306 나는 세계 한구석에 지상의 모든 민족과는 다른 가장 오래된 특별한 역사를 가진 한 민족을 발견한다. 그리하여 나는 이 위대하고도 우수한 민족이 한 사람에게서 나와 유일신을 섬기며, 하나님으로부터 받았노라고 그들이 말하는 율법에 따라 인도되고 있는 한 민족을 본다. 그들은 모든 민족에게 구세주의 대망을 바라보도록 호소하기 위하여 특별히 만들어졌다. 이¹ 민족과의 대면은 나를 놀라게 하며 주목할 만한 가치가 있다고 생각된다. *B619-L555*

> 해설 성경을 이해할 때 이스라엘 민족과 역사를 이해하는 것은 매우 중요하다. 파스칼은 여러 곳에서 이점을 강조하는 것이다.

307 내가 신기하게 느끼는 것은 이 세계에서 가장 오래된 책이 가장 완전하다는 것이었다. *B619-L555*

> 해설 성경, 특히 여기서는 구약성경을 말한다. 구약성경은 몇천 년 전에 기록되어 있었는데도 에릭 사우어Erich Sauer가 말한 대로 '아직도 이슬을 머금은 듯 성성하다.' 얼마나 놀라운 일인가!

308 모든 철학자가 갖가지 학파로 나누어져 있는 동안 지구의 한 모퉁이에 가장 오래된 한 민족을 통하여 온 세계가 오류에 빠져 있다는 것과, 하나님이 그들에게 진리를 계시하였다는 것과, 이 진리는 땅 위에 영원히 있으리라는 것을 가르치셨다. *B618-L556*

해설 진리는 지구의 아주 조그마한 나라 이스라엘을 통해 주신 하나님의 계시다. 계시는 인간이 발견하거나 진화된 것이 아니다.

309 만일 유대인이 예수 그리스도에 의하여 모두 회심하였다면, 우리는 오히려 의심스러운 증인만을 갖게 될 것이다. 또한, 그들이 이 땅에서 멸망해버렸다면 우리는 전연 증인을 갖지 못했을 것이다. *B750-L559*

해설 유대인-놀라운 증인들.

310 절대 침몰하지 않으리라는 보장이 있다면 폭풍이 휘몰아치는 배 안에 있는 것은 오히려 즐거운 일이다. 교회를 괴롭히는 박해는 이러한 성질의 것이다. *B859-L561*

해설 기독교인의 삶 또한 이와 같은 것이다. 얼마나 멋있는 삶인가.

311 교회의 역사는 곧 진리의 역사라고 불러도 마땅하다.

B858-L562

해설 교회는 비록 핍박받고 타락한 때일지라도 진리를 보존해 왔다.

312 기적, 순결하고 티 없는 성자, 학자, 위대한 증인, 세워진 왕 다윗, 이사야 등 이처럼 위대한 이 종교는 많은 기적과 온갖 지혜를 말한 다음 지혜나 표적은 별것이 아니며 다만 십자가의 어리석음을 가질 따름이라고 한다.

B587-L568

해설 "유대인은 표적을 구하고 헬라인은 지혜를 찾으나 우리는 십자가에 못 박힌 그리스도를 전하니 유대인에게는 거리끼는 것이요 이방인에게는 미련한 것이로되" 고린도전서 1장 22~23절

313 율법 즉 구약성경에 대한 유대민족의 열성, 특히 예언자가 없게 된 후로부터.

B702-L574

해설 유대인의 율법 즉 성경에 대한 집착은 대단히 크다. 특히 유대인은 구약의 마지막 선지자 말라기 이후 400년 동안 그리스, 로마제국에 의해 온갖 핍박 중에서도 성경의 일점 일획도 변하지 않도록 투쟁하고 손상도 지 않도록 세심한 배려를 했다.

314 마음은 그 자신의 질서를 가지고 있다. 이성도 그 자신의 질서를 가지고 있다. 이성의 질서는 원리를 따지고 증명한다. 그러나 마음은 이와는 전혀 다르다. *B283-L575*

> 해설 마음은 섬세의 정신이요, 이성은 기하학적 정신을 말한다. 신앙은 이성의 질서를 가지고 하는 것이 아니라 마음의 질서를 가지고 하는 것이다.

315 예수 그리스도가 이 땅에, 세상이 보는 눈으로 볼 때 보잘것 없는 모습으로 오셨기 때문에 국가의 중대사를 기록하는 역사가들에게는 눈에 띄지도 않을 정도였다. *B786-L577*

> 해설 예수님이 살았을 당시 유명한 역사가들의 기록에 예수 그리스도에 대한 언급이 거의 없는 것은 재미있는 일이다. 그는 신문사 기자의 눈에 전혀 포착되지 않았다.

316 부자는 부에 관해서 잘 이야기하고, 왕은 방금 자기가 베푼 선물에 관하여 자연스럽게 이야기하며, 하나님은 하나님에 관하여 올바르게 이야기하신다. *B799-L580*

> 해설 예수 그리스도는 하나님에 대하여 단순하고 자연스럽게 말씀하신다. 그리고 "나를 아는 자는 하나님을 아는 자다"라고 너무 당연한 듯이 말씀하셨다.

317 마치 정신적인 위대는 별것 아닌 것처럼 육체적인 위대만을 추구하는 사람이 있는가 하면, 한편 지혜 속에는 아무런 위대가 없기라도 한 듯 한낱 정신적인 위대만을 찬양하는 사람도 있다.

모든 물체의 총화, 모든 정신의 총화 그리고 이것들을 다 합친다 해도 사랑의 가장 적은 것에 미치지 못한다. 이것은 무한히 더 높은 질서에 속한다. 모든 물체의 총화로 작은 사상 하나도 낳을 수 없다. 이것은 서로 다른 질서에 속하기 때문에 불가능한 일이다. 마찬가지로 모든 물체와 정신을 합한다 해도 참된 사랑의 움직임 하나도 이끌어낼 수 없다. 이것은 불가능한 일이며 초자연적 질서에 속하기 때문이다.

B793-L585

> 해설 파스칼은 인간을 세 가지 종류, 세 가지 질서로 나누고 있다. 왕이나 부자나 장군과 같은 육체적인 위대를 추구하는 사람들, 학문과 지성과 같은 정신적인 위대를 추구하는 사람들, 신앙과 사랑 같은 지혜의 위대를 추구하는 사람들이다. 파스칼은 이 세가지 질서는 서로 다른 질서에 속하기 때문에 결코 혼합될 수 없는 세 가지 질서의 불연속성을 강조하고 있다.

318 지상의 위대한 온갖 광채도 정신적인 것을 탐구하는 사람에게는 별것 아닌 것으로 보인다. 정신적인 위대는 왕, 부자, 장군과 같은 육체적인 사람에게는 보이지 않는다. 또 지혜의 위대는 육체적인 사람에게나 정신적인 사람에게 보이지 않는다. 이것들은 종류를 달리하는 세 가지 질서다.

위대한 천재들은 그들 나름의 왕국, 영광, 위대 그리고 그들만의 빛을 가지고 있으며 육체적인 위대함을 조금도 필요로 하지 않는다. 그들은 이 육체적인 위대와 아무런 관련이 없다. 그들은 눈으로가 아니라 정신으로 보며 그것으로 충분하다. 위대한 지혜를 가진 성도들은 그들의 왕국, 그들의 영광, 그들의 승리, 그들의 빛을 가지고 있으며 육체적인 위대와 정신적인 위대를 조금도 필요로 하지 않는다. 그들은 하나님으로 충분하다. *B793-L585*

해설 앞의 조각글을 보충적으로 보라. 파스칼은 인간은 크게 세 부류로 나눈다. 육체적인 사람, 정신적인 사람 그리고 신앙적인 사람. 기독교 신앙에 대하여 무한한 자부심을 가지고 있는 파스칼을 본다.

319 예수 그리스도의 증거. 어찌하여 룻기는 보존되었는가?

B743-L581

해설 팡세에서 어렵고 잘 이해되지 않는 짧은 구절 중 하나다. 구약성경 사사기와 사무엘서의 중간에 없는 듯이 묻혀 있는 아주 짧은 룻기는 단순히 시어머니와 효부와의 이야기가 아니라 다윗의 후손, 예수 그리스도를 증거하기 위한 책이라는 면에서 의미가 있다.

320 예수 그리스도는 돈도 없고 보이는 학문의 업적도 없이 그 자신의 신성한 질서 가운데 계신다. 그는 발명도 하지 않았고, 지배도 하지 않았다. 다만, 겸손과 인내를 가지고 하나님 앞에 거룩하고 거룩하고 또 거룩하며, 악마가 두려워하는 존재다. 아아, 지혜를 볼 줄 아는 마음을 가진 사람의 눈에는 그가 얼마나 위대하고 얼마나 장엄한 모습으로 보이는가! *B793-L585*

> 해설 예수 그리스도에게는 아무것도 없었으나 세계에서 가장 위대하고, 역사에서 가장 큰 일을 하신 분이다.

321 우리의 주 예수 그리스도께서는 이 세계에서 빛을 내기 위하여 왕의 신분으로 오실 필요가 없었다. 오히려 그는 자신의 질서에 알맞은 영광을 가지고 오신 것이다. *B793-L585*

322 예수 그리스도는 중대한 일에 관하여 너무도 자연스럽게 참으로 단순하게 말씀하신다. 그러나 생각하신 바를 사람들이 충분히 알아들을 수 있도록 분명하게 달씀하셨다. 이 소박함과 명확함과의 결합이 경탄스럽다. *B797-L586*

> 해설 복음서에 나타난 예수 그리스도는 아무리 배우지 못한 사람에게도 쉽게 이해되면서도, 아무리 깊은 학문을 한 사람도 그 깊이를 다 알 수 없다.

323 어찌하여 죽음 앞에 서 있는 예수님을 약한 자의 모습으로 그렸던가. 복음서 기자들은 태연한 모습을 그릴 줄 몰랐을까. 천만의 말이다. 누가는 스데반의 죽음을 예수 그리스도의 죽음보다 한결 씩씩한 것으로 그리고 있지 않았던가. B800-L593

> 해설 루터Martin Luther는 죽음 앞에 선 예수님에 대하여 "이 사람보다 죽음을 두려워한 사람이 없었다"고 말했다. 소크라테스는 독배 앞에서 태연자약하게 죽어갔다. 그러나 예수님께서는 죽음 앞에서 두려워하며 떨며 십자가에 목박히셨다. 이것은 예수님의 우리를 위한 대속의 죽음이면서, 육체를 무시하는 이원론이 아니라는 것을 동시에 보여준다.

324 유대인들의 율법과 성전에 대한 열성은 극성일 정도로 크다. 어떤 다른 민족이 이와 같은 열성을 가졌던가? 그들은 이를 가져야만 했다. B701-L594

> 해설 유대인의 죽음을 마다하지 않는 열정을 통하여 구약의 율법과 성전을 유지했고 결국 이것은 예수 그리스도를 증거한다.

325 복음서의 표면상의 불일치. *B755-L595*

해설 4복음서는 표면적으로 불일치한 부분이 있다. 그러나 바로 그것이 오히려 복음서의 진실성과 사실성을 보여준다. 이와 같이 파스칼은 본문 비평을 하고 있음을 본다.

326 마호메트가 한 것은 누구나 할 수 있다. 왜냐하면, 그는 조금도 기적을 행하지 않았으며, 예언되지도 않았다. 예수 그리스도께서 하신 것은 아무도 할 수 없다. *B600-L598*

해설 예수 그리스도께서 하신 교훈과 사역은 누구도 할 수 없다는 점에서 독특하다.

327 사도들은 속았거나 속였거나 그중 어느 하나다. 그러나 어느 편의 가정도 성립하기 어렵다. 왜냐하면, 사람이 부활하였다고 잘못 생각할 수는 없기 때문이다. 예수 그리스도가 그들과 더불어 계실 동안은 제자들이 용기를 가질 수 있도록 할 수 있었지만, 그러나 그가 죽은 후 부활하시지 않았다면 누가 그들로 하여금 죽음을 각오하고 죽기까지 행동하게 하였겠는가. *B802-L599*

해설 예수 그리스도의 부활의 확실성은 한때는 뿔뿔이 흩어졌고, 비겁했던 제자들이 목숨을 걸고 증거하는 삶을 통해 알 수 있다.

328 구약과 신약. 구약은 예수 그리스도를 바라보고, 신약은 그를 모범으로 삼는다. 결국, 둘 다 그리스도를 중심으로 삼는다.

B740-L600

329 예수 그리스도 없이는 인간은 악과 비참 속에 빠질 수밖에 없다. 예수 그리스도를 통해서 인간은 악과 비참에서 벗어날 수 있다. 예수 그리스도 안에서 진정한 덕과 행복이 있다. 예수 그리스도를 모른다면 악과 비참과 오류와 암흑과 죽음과 절망이 있을 뿐이다.

B546-L601

해설 예수 그리스도를 모르는 것과 아는 것과의 차이.
예수 그리스도를 믿는 것과 믿지 않는 것과의 차이.

330 우리는 오직 예수 그리스도를 통하여 하나님을 알 뿐 아니라, 또한 오직 예수 그리스도를 통하여 우리 자신을 안다. 우리는 오직 예수 그리스도를 통하여 생명을 알고 죽음을 안다. 예수 그리스도를 모르고서는 우리의 삶, 우리의 죽음, 하나님, 그리고 우리 자신이 무엇인가를 모른다. 또한, 예수 그리스도를 증거하는 성경을 모르고서 우리는 아무것도 알 수 없고 하나님의 성질에 대해서도 우리 자신의 본성에 대해서도 알지 못하고 오직 애매함과 혼돈에 빠질 뿐이다. 이렇듯 예수 그리스도만을 주제로 하는 성경이 없다면 우리는 아무것도 알지 못하고, 하나님에 대해서 그리고 우리 자신의 본성에 대해

서 모호와 혼란 가운데 있을 것이다. B548-L602

해설 오직 예수, 오직 성경을 통해서 하나님을 알고 모든 것을 알 수 있다. 파스칼은 이점을 여러 곳에서 강조하고 있다.

331 예수 그리스도만큼 세상에 드러나지 않은 자가 있었는가. 33년 중 30년은 세상에 드러나지 않은 채 산다. 나머지 3년마저도 사기꾼으로 간주된다. 제사장과 장로들은 그를 거부하고, 그의 친구와 가족들까지 그를 업신여긴다. 마침내 그는 제자 중 한 사람에게 배반당하고 또 한 제자에게 부인되고 모든 사람에게 버림받아 죽는다. 일찍이 이처럼 빛을 발한 자도 없었고 이처럼 치욕을 받은 자도 없었다.

B792-L605

해설 인간적으로 보면 전혀 이 세상에서 두각을 나타내지 못하고 오해와 배신 속에 있으면서 역사 속에 그처럼 큰 광채를 발할 수 있다는 사실이 얼마나 놀라운 일인가!

332 신앙의 눈으로 헤롯과 시저의 역사를 보는 것은 놀라운 일이다.

B700-L606

해설 헤롯은 어린 예수를 죽이려 했고 마태복음 2장 16~18절 시저는 호적 명령을 통해서 예수가 베들레헴에 태어나도록 했다. 누가복음 2장 1~5절 결국, 그들의 행동을 통해서 예수 그리스도가 메시아이심을 입증하였다.

333 하나님께서 부패한 세상 속에 칠천 명의 남은 자를 두셨다. 나는 예언자들에게도 알려지지 않은 남은 자들이 있음을 알고 그들을 사랑한다. *B788-L610*

해설 아무리 교회가 흑암과 타락 속에 있을지라도 하나님은 그때그때마다 칠천 명을 남겨 두신다. 얼마나 위로가 되는 말인가!

334 유대인이 아니면 기독교인. 그 어느 편인가가 크게 잘못되어야 한다. *B759-L613*

해설 예수 그리스도 없는 유대교가 과연 옳은 것인가 그른 것인가? 구약의 완성은 예수 그리스도가 아닌가.

335 그리하여 이 모든 것을 완성하는 것은 예언이다. 우연의 장난이라는 말을 듣지 않기 위하여. *B694-L617*

해설 파스칼은 예수 그리스도를 증명하는 데 있어서 특히 예언을 강조하고 있다.

336 예수 그리스도는 시초에는 작되 후에 커지리라는 것. 비록 내가 메시아에 대한 이야기를 전연 듣지 않았다 할지라도 세계의 질서에 관한 이처럼 놀라운 예언이 성취된 것을 본 이상 이것이 하나님의 손길인 것을 안다. *B734-L620*

> [해설] 겨자씨 비유를 생각해 보라. "처음에는 아주 적은 것이었으나 나중 커서는 나무가 되어 공중에 새들이 가지에 깃들었느니라"마가복음 4장 31절 아주 작은 것이 큰 것이 되리라는 예언. 하나님나라는 아주 작은 겨자씨처럼 시작하였으나 결국 많은 새들이 깃들 것이다.

337 영적인 사람은 메시아를 받아들였고, 그를 받아들이지 못하고 죽인 사람들은 메시아의 증인이 되었다. *B748-L622*

> [해설] 유대인은 역설적이게도 그리스도를 죽임으로 메시아의 증인이 되었다.

338 만일 단 한 사람이라도 그리스도가 오실 시기와 형태를 예언하고 그대로 이루어졌다면 이는 대단한 일이다. 그러나 이보다 더한 일이 있다. 대를 이어가며 4천 년 동안 끊임없이 그리고 변함없이 같은 예언을 하고 있다. 이를 예언하는 사람들은 한민족이요 그들의 확신은 4천 년에 걸쳐 이어졌고 또한 어떠한 협박이나 위협 가운데서도 그들의 확신을 변경시킬 수 없었다. 이는 매우 주목할 만한 일이다. *B710-L623*

339 동일한 것을 그처럼 많은 사람이 다양한 형태로 예언하려면 대담해야 한다. *B709-L627*

해설 '예언'은 참으로 위험한 것이다. 예언의 성취가 없다면 바로 거짓인 것이 판명된다.

340 유대인은 메시아를 버리고 하나님의 버림을 받으리라는 것. 택함을 받은 백성이 거역하고 믿지 않으리라는 것. 하나님이 그들을 벌하여 눈멀게 하시며, 그들은 대낮에 소경처럼 더듬으리라는 것. 그의 앞에 한 선지자가 나타나리라는 것. 이 모든 것이 예언되어 있다. *B735-L638*

해설 한 선지자는 세례 요한을 말한다. 이사야서와 말라기서에서 메시아가 오시기 전 한 선지자가 올 것이 예언되어 있다.

"보라 여호와의 크고 두려운 날이 이르기 전에 내가 선지자 엘리

야를 너희에게 보내리니" 갈라기 4장 5절 여기 엘리야는 세례 요한을 말한다. 마가복음 1장 6절

341 예언자는 예언하였으나 예언되지는 않았다. 또 마지막 선지자인 세례 요한은 예언되었으나 예언하지는 않았다. 그러나 예수 그리스도는 예언되었으며 또한 예언하신다. *B739-L645*

> 해설 오직 예수 그리스도만이 예언되었고 또 예언하신다.

342 그들은 말하기를 "예수 그리스도는 죽음을 당하였다. 패배하였다. 힘으로써 이교도를 정복하지 않았다. 그들로부터의 전리품을 우리에게 주지 않았다. 부를 주지 않았다"고 한다. 그들이 할 말이란 고작 이것인가? 나로서 예수 그리스도를 사랑할 수 있고 믿을 수 있는 것은 바로 이점이다. 그들이 생각하는 메시아를 나는 원치 않는다. 그들의 이 거부로 말미암아 그들은 탓할 곳 없는 증인이 되었거니와 나아가서 이로써 예언을 완성한다. *B760-L655*

> 해설 '그들은' 유대인을 말한다. 유대인은 메시아를 바랐으되 영광의 메시아를 바랐다. 그러나 메시아는 종의 모습으로 오셨다. 그들은 이것을 오해하므로 예수를 신성모독죄로 죽였다. 결국, 그들은 예수를 죽임으로 메시아임을 입증하였다. 영광의 메시아와 고난의 메시아!

343 기독교는 별나다. 기독교는 인간이 비열하고 가증스러운 죄인이라는 사실을 알게 하면서도 하나님과 같이 되도록 명한다. 이처럼 양쪽의 균형이 없다면 인간에 대한 칭찬이 무섭도록 공허한 것이 되거나 인간에 대한 비하가 무섭도록 비굴하게 만들 것이다.

B537-L667

해설 "만물보다 거짓되고 심히 부패한 것은 사람의 마음이라 누가 능히 이를 알리요" 예레미야 17장 8절 "하나님의 온전하심과 같이 너희도 온전하라" 마태복음 5장 28절 인간을 향한 모순된 놀라운 명령이다.

344 인간은 절망 아니면 교만이라는 이중의 위험에 항상 처해있다.

B524-L670

해설 예수 그리스도에 대한 신앙 없는 인간의 필연적 모습. 인간은 예수 그리스도를 모르고서는 필연적으로 절망하거나 교만에 빠질 수밖에 없다.

345 복종이라는 점에서 군인과 수도사 사이에 어떤 차이가 있는가. 그들은 다 같이 복종하고 의존하고 괴로운 훈련을 한다. 그러나 군인은 늘 지배자가 되기를 원하지만, 지배자가 되지 못한다. 아무리 높은 자리에 오르더라도 결국 예속된 몸이요 노예다. 그런데 수도사는 영원히 예속될 것만을 맹세한다. 이렇듯 양자는 그들이 영원한 예속이라는 점에서는 차이가 없으나, 군인은 그 예속의 상태에서 벗어나려 애쓰지만, 수도사는 이러한 자신의 모습을 받아들이고 있다는 점에서 서로 다르다. *B539-L672*

> [해설] 참된 그리스도인은 자유인이다! 인간은 겉으로만 보면 똑같이 살아간다. 그러나 그의 내면의 세계에 따라 전혀 다르게 살아간다. 진정한 신앙은 오직 자발성에서 나온다.

346 기독교인은 하나님과 연합되었음을 믿으면서도 얼마나 교만하지 않은가! 또한, 자신을 땅 속의 벌레와 같다고 생각하면서도 얼마나 비열하지 않은가! 생명과 죽음, 그리고 행복과 불행을 맞는 훌륭한 태도를 보라. *B538-L674*

> [해설] 하나님의 평화Peace of God가 아니라 하나님과의 연합Peace with God을 말한다. 참된 그리스도인은 교만과 비열 속에서 사는 것이 아니라 생명과 행복 속에서 살아간다.

347 인간은 원하는 모든 것을 마음대로 가질 수 있고 뜻대로 할 수 있다 하더라도 결코 만족하지 못할 것이다. 그러나 이를 버리는 순간부터 만족하게 될 것이다. 이를 버리면 불만이 사라지고, 이를 의지하면 결코 만족하지 못할 것이다. *B472-L678*

> 해설 참된 만족은 더 많이 소유하는 데 있는 것이 아니라 오히려 욕망을 버리는 데 있다. "먹을 것과 입을 것이 있은즉 족한 줄로 알 것이니라" 디모데전서 6장 8절

348 지체가 된다는 것은 오직 전체에 의해서 그리고 전체를 위해서 생명과 존재와 운동을 한다는 것이다. 지체가 분리되어 자기가 속한 전체를 보지 못하고 떨어진다면 이는 멸망과 죽음에 이를 수밖에 없다. 그럼에도, 지체가 자신을 전체라고 생각하거나 자기가 의존하는 전체를 보지 않고 오직 자신만을 의지하고 스스로 중심이 되고 전체가 되기를 원한다. 그러나 전체를 사랑하는 것은 곧 자신을 사랑하는 것이다. 지체는 오로지 전체에 있어서 전체에 의해서 그리고 전체를 위해서 존재하기 때문이다.

우리는 자신을 사랑한다. 예수 그리스도의 지체기 때문이다. 우리는 예수 그리스도를 사랑한다. 그는 전체고 우리는 지체기 때문이다. 모든 것은 하나요, 하나는 다른 하나 속에 있다. 삼위일체와 같이.

B483-L688

> 해설 파스칼의 교회론이다. 고린도전서 12장 1절~31절 참조

349 모든 기독교인을 다스리려면 어떠한 정치적이고 법률적인 것보다 훌륭한 두 개의 말씀이면 충분하다. 하나님을 사랑하고 이웃을 사랑하라.

B484-L692

해설 이 말씀 안에 인간이 어떻게 살아야 할 것인지 모두 들어 있다. 예수님은 이것을 "사랑의 이중 계명"이라고 말씀하셨다. 이 말씀 안에 기독교의 요약이 들어있다. 기발한 표현이다!

350 우리는 오직 하나님만을 사랑하고 자신은 미워해야 한다.

B476-L689

해설 우리가 하나님만을 사랑할 때 오히려 아름답고 위대한 삶을 살 수 있다.

351 우리는 나의 잘못을 지적해주는 사람에 대하여 많은 은혜를 입고 있다. 왜냐하면, 그들이 결국 우리를 훈련 시키기 때문이다.

B535-L693

해설 나의 잘못을 지적하는 사람은 결국 나의 은인이다. "거만한 자는 견책받기를 좋아하지 아니하며 지혜 있는 자에게로 가지도 아니하느니라" 잠언 15장 12절

352 세상에 있는 모든 것은 육신의 정욕과 안목의 정욕과 이생의 자랑 즉, 관능욕, 지식욕, 지배욕이다. 이 세 줄기 강이 흐르는 불타는 저주받은 땅은 얼마나 비참한가! 그러나 이 강 위에 있으면서 가라앉지도 않고 휩쓸리지도 않으면서 태연하게 앉아 있는 사람은 얼마나 행복한가! *B458-L696*

해설 인간은 관능 욕구, 지식 욕구, 지배 욕구에 파묻혀 살고 있다. 그러나 여기에 휩쓸리지 않는 자는 행복하다.

353 선택을 받은 자들은 자신의 덕을 모르고, 버림받은 자들은 자신의 죄의 깊이를 모른다. *B515-L697*

해설 진정한 신앙인은 자신이 얼마나 죄인이며 연약함을 알지만 믿지 않는 자들은 자신이 얼마나 죄인이며 비참한 존재인가를 모른다.

354 만일 사람이 마음을 돌이킨다면 하나님이 고치시고 용서하시련만. *B779-L698*

> 해설 내 마음이 하나님을 향하는 것이 이미 큰 은혜다. 하나님이여 우리의 마음을 돌이키시고, 고치시고, 용서하소서. 우리가 회개하면 하나님은 무조건적 은혜와 무제한적으로 우리를 포용하시는 분이다!

355 참되고 유일한 덕은 자신을 미워하고 참으로 사랑할 만한 분을 사랑하기 위하여 열심히 이를 찾는 것에 있다. *B485-L699*

> 해설 "우리가 여호와를 알자 힘써 여호와를 알자" 호세아 6장 3절

356 두 종류의 인간이 있을 뿐이다. 하나는 자신을 스스로 죄인이라고 생각하는 의인, 또 하나는 자신을 의인이라고 생각하는 죄인이다.

B534-L700

> 해설 사도 바울은 자신을 "죄인 중에 괴수다"라고 말한다. 누구라도 우리는 날마다 죄 가운데 살아간다. 이 세상에는 죄인이라고 생각하는 의인과 의인이라고 생각하는 죄인이 있을 뿐이다.

357 인간이 자신의 상태를 알려 하지 않고 사는 것이 초자연적인 맹목이라면 하나님을 믿는다면서도 악 가운데 사는 것은 더 무서운 맹목이다. *B495-L702*

> 해설 자신의 비참한 상태를 모르고 신앙한다면 초자연적 맹목이고 하나님을 믿는다고 하면서 악 가운데 사는 사람은 더욱 무서운 일이다. 그러므로 우리는 항상 죄인 의식을 가지고 "날마다 죽노라"고 고백하던 바울을 닮자.

358 아름다운 행위는 숨겨진 것일 때 가장 존경할 만하다. 이러한 행위를 역사 가운데 발견할 때 나는 한없이 즐겁다. 그러나 결국 알려진 이상 완전히 숨겨진 것은 아니었다. *B159-L703*

> 해설 진정으로 아름다운 행위는 아무도 모른다.

359 세상을 따라 살아가기에 가장 쉬운 상태는 하나님을 따라 살아가기에 가장 어려운 상태다. 이와 반대로 세상을 따라 살려고 하면 신앙생활보다 어려운 것은 없으며, 하나님을 따라 살려고 하면 이보다 쉬운 것도 없다. *B906-L705*

> [해설] 누구든 하나님을 따라 살려고 한다면 이보다 더 쉬운 것은 없다. 왜냐하면 진정한 신앙은 오직 자발적이기 때문이다.

360 마치 배 안에서 모든 것이 함께 움직일 때 외견상으로는 아무것도 움직이지 않는 것처럼 보인다. 모두가 타락으로 흐를 때 아무도 그것을 알지 못한다. 그러나 누군가가 멈춰 서서 본다면 그는 고정된 하나의 점과 같이 다른 사람들이 움직인다는 사실을 알 수 있다.

B382-L707

> [해설] 멈춰선 사람만이 움직이는 것을 볼 수 있다. 기준이 있어야 한다. 예수그리스도 만이 참된 기준이다.

361 한 인간이 얼마나 덕이 있는가를 그가 특별히 애써 노력할 때 나타나는 것이 아니라 그가 날마다 살아가는 일상적 모습을 보아 알 수 있다. *B352-L711*

> 해설 일상적 삶이 진정한 나의 모습이다.

362 모든 오락은 기독교인에게 위험한 것이다. 모든 오락 가운데 연극보다 더 해로운 것은 없다. 연극은 정욕을 극히 자연스럽고 미묘하게 표현하기 때문이다. 특히 남녀 간의 사랑이 아름답게 그려질 때는 더욱 그렇다. *B11-L713*

> 해설 파스칼은 특히 그의 말년 투병 중에서도 금욕적 삶을 살았다. 파스칼의 인간은 모름지기 본질을 추구하되 오락에 취해서는 안된다는 금욕주의적 태도를 보여주고 있다.

363 상한 마음을 가진 사도 바울, 이것이 기독교적 인간의 모습이다.
B533-L719

> 해설 "그러므로 나는 달음질하기를 방향 없는 것 같이 아니하고 싸우기를 허공을 치는 것 같이 아니하며 내가 내 몸을 쳐 복종하게 함은" 고린도전서 9장 26~27절 "오호라 나는 곤고한 사람이로다. 이 사망의 몸에서 누가 나를 건져내랴" 로마서 7장 24절 "여호와는 마음이 상한 자를 가까이 하시고 충심으로 통회하는 자를 구원하시는도다" 시편 34장 18절

364 우리의 죄의 두 근원은 교만과 게으름이다. 하나님은 이것을 고치려고 하나님의 두 성품, 곧 사랑과 의를 우리에게 보여주셨다. 하나님의 의는 그 행위가 아무리 옳다 하더라도 교만을 꺾는 데 있고, 하나님의 사랑은 선한 일을 권고하고 자신의 게으름을 알게 하는 데 있다. *B497-L715*

해설 교만과 게으름을 꺾는 연습을 하자. "항상 배우나 경건에 이르지 못하는 자"가 되어서는 안 된다. 디모데후서 3장 7절

365 회개하는 마음이 죄를 용서한다. 그러나 이 회개는 성례를 찾는 것이 아니면 참되지 않다. *B923-L709*

해설 참된 신앙은 형식과 내용이 함께 한다.
성례는 예수님의 죽으심을 기념하는 가시적 성만찬을 말한다.

366 하나님이 받으시려면 형식과 내용이 하나가 되어야 한다. 즉 우리는 무릎을 꿇고 입으로 기도해야 한다. 형식에서 구원을 기대하는 것은 미신이지만 형식을 도외시하는 것은 교만이다. *B250-L722*

해설 교회에 다니고 기도한다는 이유로 구원을 얻었다고 생각한다면 미신이다. 그러나 함께 공동체를 이루는 교회를 부정하고 기도하지 않으면서 신앙한다는 것은 큰 교만이다. 신앙생활에서 형식과 내용의 관계는 매우 밀접하다. 믿음이 있는 체하는 사람에게서 형식을 무시하는 경우를 가끔 볼 수 있다. 이것은 교만이다!

367 사람은 매일 먹고 잠자는 일에 싫증을 느끼지 않는다. 배고픔과 잠이 다시 찾아오기 때문이다. 그렇지 않다면 싫증이 날 것이다. 이렇듯 정신적인 것에도 배고픔이 없으면 사람은 싫증을 느낀다. 의에 주리고 목마른 자는 복이 있다. *B264-L725*

해설 끊임없이 추구하고, 끊임없이 새로워질 수 있는 자가 아름답다. 마치 목마른 자와 같이 정의와 공평 justice and righteousness이 이땅에 이루어지도록 하자. "너희는 먼저 하나님나라와 그의 의를 구하라" 마태복음 6장 33절

368 기독교만이 인간을 행복하게 하고 또 사랑스럽게 만든다.

B542-L726

해설 행복하고 사랑받는 사람.

369 하나님을 아는 것에서 하나님을 사랑하기까지 얼마나 큰 차이가 있는가!
B280-L727

> 해설 신앙생활에서 앎고- 삶 사이에는 너무도 큰 간격이 있다. 아는 것이 믿는 것은 아니다. 지식으로 하나님을 알 수는 있지만, 하나님을 사랑하려면 복종이 있어야 한다. 하나님을 아는 것과 사랑하기까지 큰 거리가 있다. 복종없이 하나님을 사랑할 수 없다.

370 참된 회심은 인간이 수없이 진노케 한, 그리하여 인간을 어느 때나 정당하게 멸할 수 있는 보편적 존재 앞에 자신을 스스로 무로 만드는 일이요. 이 존재자 없이는 아무것도 할 수 없고 그의 노여움을 받는 것 외에 아무런 자격도 없다는 것을 인정하는 일이다. 참다운 회심은 하나님과 우리 사이에 넘을 수 없는 담이 있다는 것. 그리하여 중보자 없이는 교제가 있을 수 없다는 것을 아는 데 있다.
B470-L728

> 해설 진정한 회심은 자신이 한없이 보잘것없다는 것을 진심으로 깨닫는 자이고 그러기에 중보자이신 예수 그리스도를 간절히 필요로 하는 사람이다.

371 성자들은 자신을 죄인이라고 생각하며 그들의 아름다운 행위 마저도 잘못된 것이 없는가 세심하게 살핀다. *B362-L803*

해설 내가 잘못한 일이 없는가 날마다 살펴 보자. 항상 생각하고 기도하는 사람이 되자. 이때 신앙의 성숙이 있다.

372 ✝

은총의 해 1654년
11월 23일 월요일.
밤 열 시 반경부터 자정 반에 이르기까지. *B737-LA66*

해설 파스칼이 신비하고도 뜨거운 회심을 한 연대와 시간이다. 이때 파스칼의 나이는 서른한 살이었다. 그는 8년 후에 죽는다. 이 기간 동안 팡세를 쓰기 위해 메모했다.

373 불

아브라함의 하나님, 이삭의 하나님, 야곱의 하나님
철학자와 학자의 하나님이 아닙니다.
확신, 확신, 감격, 기쁨, 평화.
예수 그리스도의 하나님.
예수 그리스도의 하나님.
나의 하나님 그리고 너희 하나님.
너의 하나님은 나의 하나님이 되리라.

하나님 이외에 이 세상과 온갖 것에 대한 일체의 망각.
하나님은 오직 복음서에서 가르치신 길에 의해서
알 수 있을 뿐입니다.
인간 혼의 위대함이여.
의로우신 아버지, 세상이 아버지를 알지 못하여도
나는 아버지를 알았습니다.
기쁨, 기쁨, 기쁨, 기쁨의 눈물
나는 당신에게서 떠나 있었습니다.
생수의 근원이신 하나님을 버렸습니다.
나의 하나님, 어찌하여 나를 버리시나이까.
이제 나는 영원히 당신을 떠나지 않겠습니다.
나의 하나님, 어찌하여 나를 버리시나이까.
이제 나는 영원히 당신을 떠나지 않겠습니다.
영생은 곧 유일하신 참 하나님과 당신이 보내신 자
예수 그리스도를 아는 것입니다.
예수 그리스도.
예수 그리스도.
나는 당신을 저버리고, 피하고, 부인하고,
십자가에 못박았습니다.
이제 나는 절대로 당신에게서 떠나지 않겠습니다!
당신은 오직 복음서를 통해서만 알 수 있습니다.
일체의 모든 것을 기쁘게 포기합니다.
예수 그리스도와 나의 지도자에게 전적인 순종.
이 땅에서의 잠깐의 노력을 통해 얻은 영원한 기쁨.

나는 당신의 말씀을 절대 잊지 않겠습니다. 아멘.

B737-LA66

해설 너무도 정교하고 뜨겁고 확실한 파스칼의 신앙고백이다. 이 회심의 메모는 파스칼이 살아 있을 때에 공개된 것이 아니라 죽은 후에 평소 입고 있던 옷깃 속에서 발견된 것이다. 그는 이 메모를 8년 동안 옷깃 속에 간직했다. 이 짧은 신앙고백의 특징은 출애굽기 3장 15절, 요한복음 20장 17절, 룻기 1장 16절, 요한복음 17장 25절, 예레미야 2장 13절, 마태복음 27장 46절, 요한복음 17장 3절, 시편 119편 16절 등 성경구절이 여덟 번이나 인용되며 예수 그리스도가 강조된 점이다. 구절구절이 확신과 깊은 뜻을 담고 있다. 파스칼은 이 시간 이후 전혀 새로운 삶을 살았다. 짧은 고백의 글이지만 많은 신학적·철학적 의미를 담고 있다. 이 짧은 신앙 고백에 예수 그리스도란 말이 열 번이나 나오며 특히 복음서를 강조하고 있는 파스칼을 볼 수 있다.

374

인간은 진리까지도 우상화한다. 사랑 없는 진리는 하나님이 아니며 결국 사랑해서도 안 되고 경배해서도 안 되는 하나님의 형상에 지나지 않는 우상일 뿐이다.

B582-L738

해설 진리에 대한 경배와 사랑 없이는 진리조차도 우상일 뿐이다. 한국 교회에서 난무하는 것이 우상숭배다. 기복주의, 소비자 중심주의, 거짓 가르침은 다 우상이다.

375 예수님은 죽음의 고통에 들어가고자 제자들을 떠나신다. 예수님을 따르려면 아무리 가깝고 아무리 정든 사람일지라도 떠나야 한다. 예수님은 고통 속에, 큰 고통 속에 계신다. 우리가 좀 더 오래 기도하자. 주여 저는 모든 것을 당신께 바칩니다. *B553-L739*

> 해설 예수님은 죽음의 고통 앞에서 제자들에게 기도하라고 부탁한다. 그러나 제자들은 기도하지 않는다. 제자들은 스승의 고통에 동참하지 못한다. 마태복음 26장 40~43절 주님의 고통과 제자들의 게으름, 얼마나 대조적인 모습인가?

376 의인은 매우 작은 일이도 믿음으로 행한다. 아랫사람을 책망할 때도 성령께서 깨닫게 해주실 것을 위해 노력하고, 하나님이 그들을 바로잡아 주시기를 애쓴다. *B504-L740*

> 해설 아무리 작은 일이라도 성령께서 함께해 주시기를 바라면서 믿음으로 실천하는 성도가 되자.

377 나는 내 속에 있는 교만과 호기와 욕망의 심연을 본다. 나와 하나님, 나와 의로우신 그리스도와는 아무런 관련도 없다. 그러나 그리스도는 나 때문에 죄인이 되셨고 내가 받을 고통을 그분이 받으셨다. 그는 나보다 더 미움을 받으셨다. 그러나 그분은 나를 미워하시기는커녕 내가 그에게 나아가는 것을 기쁨으로 생각하신다.

B553-L739

> 해설 예수님의 수난을 주제로 한 명상의 일부분으로 파스칼의 진지한 신앙고백이 드러나고 있다. '나는 내 속에 교만과 호기와 욕망의 심연을 본다.' 파스칼은 자신이 얼마나 죄인인가를 보여줌과 동시에 언제나 포용하는 예수님 안에서 기쁨으로 살아간다.

378 작은 일도 큰 일처럼 해야 한다. 우리 안에 계셔서 우리의 삶을 사시는 예수 그리스도를 위하여 큰 일도 작고 쉬운 일처럼 행해야 한다.

B553-L739

> 해설 작은 일도 큰 일처럼, 큰 일도 작은 일처럼. 얼마나 아름다운 모습인가!

379 신앙을 갖는 것은 그래도 쉽지만, 신앙을 신앙답게 유지하는 것이 얼마나 어려운가. *B504-L740*

> 해설 신앙생활을 한다는 것은 결코 만만한 것은 아니다. 사도 바울은 "나는 날마다 죽노라"고 고백한다. 고린도전서 15장 31절

380 나는 예수 그리스도를 모든 사람 가운데서 또, 우리 자신 가운데서 본다. 곧 아버지 가운데 아버지로서, 형제 가운데 형제로서, 가난한 자들 가운데 가난한 자로서, 부자들 가운데 부자로서, 박사들 가운데 박사로서, 정치가들 가운데 정치가로서 예수 그리스도를 본다. 그는 모든 사람 가운데 계실 수 있고 또한 모든 신분의 원형이 되고자 불행한 신분을 택하신 것이다. *B785-L741*

> 해설 예수 그리스도는 모든 사람 가운데 계시고 모든 신분의 최고 모범으로 존재하신다. 모든 영역에 계시는 분이신 예수 그리스도는 모든 사람들 가운데 계신다. 20세기 초에 아브라함 카이퍼Abraham Kayper는 '영역주권'을 말했는데 파스칼은 300년 전에 이런 말을 했다. "우리 인간의 모든 영역에서 만유의 중재이신 그리스도께서 '나의 것이다'라고 외치지 않은 영역은 한치도 없다." 카이퍼가 자유대학 개교선언에서 한 말.

381 예수 그리스도는 부활하시고 나서 그의 상처만을 만지게 하셨다. "나를 만지지 말라" 요한복음 20:17 우리는 오직 그분의 고통과 함께 하여야 한다. 우리는 오직 그분이 당하신 고난을 살아야 한다.

B554-L742

> 해설 우리는 오직 그 분이 당하신 고난을 살아야 한다. '나는 날마다 죽노라' 고린도전서 15:31

382 신앙을 가지려면 고통이 따르는 것은 사실이다. 그러나 이 고통은 우리 안에 싹트기 시작한 신앙 때문이 아니라 아직도 우리 안에 남아 있는 불신앙에서 오는 것이다. 만일 우리의 마음이 회개하려 하고 우리의 죄악된 모습을 기꺼이 하나님 앞에 인정한다면 아무런 괴로움도 있을 리 없다. 우리는 우리가 가진 죄악이 초자연의 은총에 저항하려 하기 때문에 고통을 느낀다. 우리의 마음은 이 상반된 노력 사이에서 분열을 느낀다.

B498-L744

> 해설 신앙 안에서 살려 하는 성도가 갖는 내적 갈등은 우리가 가지고 있는 불신앙 때문이다. 우리의 마음을 주님 앞에 비우고 우리가 순종하지 못하고 있는 것은 아직도 우리 안에 남아있는 불신앙이라는 것을 알자.

383 무엇이 선한 것인지를 판단하기 위하여 지금까지 우리가 채택했던 기준을 바꾸어보자. 우리는 우리가 가진 생각을 기준으로 삼아 왔으나 이제는 하나님의 뜻을 기준으로 삼아보자. 곧 하나님이 원하시는 것이 바로 선이요 의다. 하나님이 원치 않으시는 모든 것은 악이요 불의다. 죄란 하나님이 말씀하시는 바에 따라 정해진다.

B668-L745

해설 파스칼은 하나님의 뜻을 따르라고 다시 호소하고 있다. 선과 악의 기준은 오직 하나님의 말씀이다. 선악과를 따먹은 것은 하나님의 말씀에 불순종했기 때문에 죄다. 불순종, 여기에 죄의 원형이 있다.

384 예수 그리스도는 재판의 형식을 거치지 않고 죽기를 원치 않으셨다. 왜냐하면, 부정한 반란에 의해 죽는 것보다 재판에 의해 죽는 것이 더욱 치욕스러운 것이기 때문이다. *B790-L746*

해설 예수님은 유대인의 공식재판 절차에 의해 사형선고를 받았다. 이것은 중요한 의미가 있다.

385 쌍방의 말을 들어야 한다. 내가 유의하는 것은 곧 이점이다. 한 편만을 들을 때 사람은 항상 그편에 치우치게 마련이다. 예수 그리스도는 거치는 돌이었다. 규탄받고 비난받은 분이셨다.

B926-L791

> 해설 왜 예수 그리스도는 비난받고 죽기까지 이르셨는가. 성경을 보라! 우리는 지금 예수님에 대해 그 분을 비난하는 소리와 그 분의 말씀을 직접 들을 수 있다. 쌍방의 말을 들어보라.

386 금식하고 스스로 만족하느니보다 금식하지 않고 자신을 낮추는 것이 더욱 좋다.

B499-L750

> 해설 금식을 하지 말라는 것이 아니라 겸손해지지 않는 금식이라면 할 필요가 없다. 신앙이란 항상 형식보다 본질이 우선한다.

387 나는 모든 성도를 형제와 같이 사랑한다. 그들은 구원받았기 때문이다. 나는 가난을 사랑한다. 예수님도 가난을 사랑하셨기 때문이다. 나는 부富를 사랑한다. 불쌍한 자를 도울 수 있는 수단을 제공하기 때문이다. 나는 모든 사람에게 성실하려 한다. 또 나는 나에게 악을 행한 사람에게 악으로 갚지 않는다. 오히려 사람에게서 나와 같은 상태에 그들도 있게 되기를 바란다. 나는 모든 사람에게 공정하고 진지하고 성실하기를 힘쓴다. 나는 나를 심판하실 하나님, 그분 앞에서 행동한다. 허약과 비참과 욕심과 교만과 야심에 찬 인간을 은총의 힘으로 이 모든 악에서 구원하주신 구속주를 찬양한다. 모든 영광은 하나님의 은총에 있고 나에게는 오직 비참과 오류가 있을 따름이다.

B550-L748

해설 파스칼이 어떠한 삶을 구체적으로 살기 원했는가를 보여주고 있다. 파스칼은 실지로 이렇게 살았다. 파스칼의 삶의 모습은 가히 성자라 해도 고언이 아닐 정도로 경건하고 실천적인 삶을 살았다. 참으로 아름다운 신앙고백이다. 바울도 이와 같이 "나를 본받는 자가 되라"고 했다. 고린도전서 4장 16절

388 예수 그리스도는 이 땅에서 무덤을 제외하고는 쉬실 만한 곳이 없으셨다. 그의 원수들은 무덤에까지 와서 그를 끊임없이 핍박하였다.

B552-L752

해설 예수님의 무덤에는 로마의 군병들이 지키고 있었다. 예수님은 이 땅에서 "여우도 굴이 있고 하늘을 나는 새도 보금자리가 있으나 인자는 머리 둘 곳이 없다"고 하셨다. 마태복음 8장 20절

389 사람이 나에게 사랑을 주는 것은 비록 즐거운 마음으로 하는 일이라 할지라도 옳지 않다. 왜냐하면, 나는 그 누구의 목적도 아니요 그들을 만족하게 할 만한 아무것도 없기 때문이다. 나는 곧 죽을 몸이 아닌가. 그러다면 그들의 애착의 대상도 죽을 것이다.

그들이 나에게 애착을 느껴서는 안 된다고 말해야 한다. 왜냐하면, 그들이 하나님에게 기쁨을 돌리려고 또는 하나님을 찾으려고 그들의 생애와 마음의 노력을 오직 하나님께만 바쳐야 하기 때문이다.

B471-L755

해설 파스칼은 당시에 많은 사람으로부터 사랑과 존경을 받고 따르는 사람이 많았다. 그러나 인간과 인간이 가진 것에 소망하는 것은 허망한 일이다. 우리의 만족과 기쁨은 사람이 아니라 오직 하나님께만 있다.

390 어떤 사람이 어느 날 나에게 말하였다. 회개하고 나자 기쁨과 마음의 평안을 느꼈다고. 또 어떤 사람은 말하였다. 나는 두려운 마음에서 벗어날 수 없다고. 이에 대하여 나는 이 둘을 합하면 **훌륭한 사람이 될 수 있다**고 생각한다.

B530-L757

해설 회개하는 마음과 두려운 마음은 항상 함께 가져야 한다. 이 모순적 마음이 우리에게 항상 있어야 한다.

391 그는 훌륭한 수학자라고 말한다. 그러나 나는 수학에는 흥미가 없다. 수학자는 나를 단지 수학의 명제로 취급할 것이다.

B36-L985

[해설] 파스칼은 자신이 수학자, 물리학자로 알려지기보다 성실한 인간이 되고 싶다고 말한다. 파스칼이 천재과학자이면서 인간에 대한 관심이 없는 기하학적 정신을 중요하지 않다고 보았다. 파스칼은 무엇보다 성실한 인간이 되기를 바라고 있다.

392 이 땅 위에 진리의 나라는 없다. 진리는 알려지지 않은 채 사람 사이를 헤맨다. 하나님은 진리를 보자기로 덮어, 그의 음성을 듣지 않는 자에게는 알지 못하도록 하셨다.

B843-L878

[해설] "이는 저희로 보기는 보아도 알지 못하며 듣기는 들어도 깨닫지 못하게 하여" 마가복음 4장 12절

393 당신들은 나를 이단자라고 말한다. 나는 결코 이단이 아니다. 당신들은 거짓을 지켜라. 나는 진리를 고수한다. 진리를 위해 나는 온 힘을 쏟고 있으며 그렇지 못할 때 나는 끝장이다. 나를 비방하고 박해하는 자가 끊이지 않으리라. 그러나 진리는 나에게 있다. 누가 진리의 편에 서 있는지 알게 될 것이다. *B362-L803*

> **해설** 파스칼은 당시 교황과 최대 종교세력인 예수회Jesuit order에 대항하여 싸웠다. 그들은 파스칼을 '배교자, 광대, 무지, 기만자, 비방자, 교활한 자, 이단자, 변장한 칼비니스트, 악마에 사로잡힌 자' 등의 비난을 퍼부으면서 이단자로 내몰았다. 그러나 파스칼은 꿋꿋하게 서있다.

394 교회는 세 종류의 적을 가지고 있다. 아직 예수 그리스도의 교회에 속하지 못한 유대인, 그곳에서 떨어져 나간 이단자, 내부에서 분열을 일삼는 악한 기독교인. 이 세 종류의 서로 다른 적은 서로 다른 방법으로 교회를 공격한다. *B840-L891*

> **해설** 우리는 파스칼이 시대의 아들인 것을 여기에서 알 수 있다. 그는 제도적인 면에서 카톨릭 신자였다. 여기 이단자는 당시 종교개혁 세력을 말한다. 그러나 그의 신학적 주장은 종교개혁 신학과 매우 유사하고 결국 그 때문에 파스칼은 카톨릭으로부터 종교개혁신학과 같다고 이단시되었다.

395 유혹에 빠지지 않도록 기도하라. 유혹을 받음은 위험한 일이다. 유혹을 받는 자는 기도하지 않기 때문이다. B744-L930

해설 이 경건한 파스칼은 유혹에 빠지지 않도록 기도할 것을 우리에게 권면하고 있다. "쉬지 말고 기도하라" 데살로니가전서 5장 17절

396 좋은 땅에 뿌려진 씨앗이 열매를 맺는 것과 같이 좋은 정신 속에 뿌려진 원리도 열매를 맺는다. 만물은 동일한 지배자에 의하여 만들어지고 인도된다. 뿌리, 가지, 열매, 원리, 결론. B119-L954

해설 좋은 땅에 뿌려진 씨앗의 열매를 통해 하나님나라는 보이지 않게 하나님에 의해 지금도 성장한다.

397 참된 기독교인처럼 행복하고 합리적이고 덕 있고 사랑할 만한 사람은 아무도 없다. B541-L673

해설 행복하고 합리적이고 덕있고 사랑할만한 사람. 진정한 그리스도인의 모습이다. 얼마나 아름다운가!

참고 문헌

Pascal, *Pensées* I, II, Michel Le Guern, folio, 1997(750쪽).

Pascal, *Pensées*, Britannica, 1990(487쪽).

파스칼, 『팡세』, 김형길 역, 서울대학교 출판부, 1999(763쪽).

파스칼, 『팡세』, 김희보 역, 종로서적, 1990(572쪽).

파스칼, 『팡세』, 박은수 역, 인폴리오, 1993(476쪽).

파스칼, 『팡세』, 방 곤 역, 신원문화사, 1992(482쪽).

파스칼, 『팡세』, 신상초 역, 을유문화사, 1959(331쪽).

파스칼, 『팡세』, 이 환 역, 제일출판사, 1966(531쪽).

파스칼, 『팡세』, 정봉구 역, 육문사, 1986(472쪽).

파스칼, 『팡세』, 최 현. 이정림 역, 범우사, 2002.

파스칼, 『팡세』, 홍순민 역, 삼성출판사, 1990(409쪽).

파스칼, 『파스칼 소품집』, 이 환 역, 정음문고, 1974(252쪽).

A. J. Krailsheimer, *Pascal Pensées*, Penguin, 1996(359쪽).

Hugh M. Davidson and Pierre H. Dub'e, *A Concordance to Pascal's Pensées*, Cornell University Press, 1975 (1476쪽).

Janmiel, *Pascal and Theology*, John's Hopkins, 1997(216쪽).

O'Connell, *Blaise Pascal: Reasons of the hart*, Wm. B. Eerdmans Publishing Company, 1997(210쪽).

강영안, 『강교수의 철학이야기』, IVP, 2004(285쪽).

기하라 부이치, 『철학으로부터 메시지』, 최시림 역, 정신세계사, 1991(222쪽).

김형길, 『파스칼 팡세의 발생학적 연구 외』, 프랑스학 연구회, 1993(100쪽).

박규성, 『파스칼의 생애와 사상』, 유풍출판사, 1978(199쪽).

안병욱, 『빠스칼사상』, 삼육출판사, 1990(294쪽).

이문호, 『파스칼의 변증론』, 이문츨판사, 1993(308쪽).

이 환, 『파스칼 연구』, 민음사, 1930(201쪽).

이 환, 『파스칼의 생애와 사상』, 서울대 출판부, 1997(201쪽).

알반크라일샤이어, 『파스칼』, 김윤식 역, 문경출판사, 1986(115쪽).

장메나르, 『파스칼 인간과 사상』, 년규용 역, 서강대학교 출판부, 1997(257쪽).

장 발, 『프랑스 철학사』, 김관오 역, 대한교과서주식회사, 1987(198쪽).

강신주, 『철학 VS 철학』, 그린비, 2010(928쪽).

버트란트럿셀, 『서양철학사』, 한철하 역, 대한교과서주식회사, 1995(1078쪽).

한스 요아힘 슈퇴리히, 『세계철학사』, 이룸, 2008(1205쪽).

파스칼의 팡세-강영안교수

⟨강교수의 철학이야기⟩ IVP

강영안

한국외국어대학교에서 화란어와 철학을 공부하고 벨기에 정부 장학생으로 루뱅대학교 철학과에서 학부과정과 석사 과정을 마쳤다. 암스테르담 자유대학교 철학부에서 칸트 철학에 관한 논문으로 박사 학위를 받았다. 네덜란드 레이든 국립대학교 철학과 전임강사, 계명대 철학과 조교수를 거쳐 1990년부터 서강대 철학과 교수로 재직중이다. 1996년에는 루뱅대 초빙교수로 1년 간 연구하고 돌아왔다.

저서로 *Schema and Symbol* (Amsterdam: Free University Press, 1985), 『주체는 죽었는가—현대철학의 포스트모던 경향』(문예출판사, 1996), 『자연과 자유 사이』(문예출판사, 1998), 『도덕은 무엇으로부터 오는가—칸트의 도덕철학』(소나무, 2000), 그 외 10여 권의 공저가 있다. 역서로는 C. A. 반 퍼슨의 『몸, 영혼, 정신』(손봉호 공역, 서광사, 1985), 『급변하는 흐름 속의 문화』(서광사, 1994), 엠마누엘 레비나이스의 『시간과 타자』(문예출판사, 1996)가 있다. 기독교윤리실천운동 집행위원장 겸 공동대표, 기독교학문연구소 부소장, 고려학원 이사장, 두레교회 장로로 섬기고 있다.

지금까지 우리는 데카르트를 통해 '근대'의 성격을 파악해 보고자 애썼습니다. 자신이 살고 있는 시대가 이전 시대와 다른 새로운 시대이고, 지식의 혁신 없이는 시대 자체의 새로움이 정당화될 수 없음을 누구보다 분명하게 의식했던 사람이 데카르트였습니다. 사족이 될지 모르겠습니다만 영어로 근대Modern Age라고 할 때 Modern은 '새롭다'는 뜻입니다. 그러니까 '새로운 시대'란 뜻이 되죠. 독일어로는 '노이'neu, 새로운와 '차이트'Zeit, 때, 시간, 시대를 합해서 '디 노이차이트'Di Neuzeit라고 부릅니다. 서양 중세 후기에 이른바 '비아 모데르나'via moderna, 즉 '새로운 길'이라는 대안이 나오는데 이는 '비아 안티쿠아'via antiqua, 즉 아리스토텔레스와 아퀴나스의 보편주의적이고 형이상학적인 '옛 길'에 비해 개별주의적이고 경험적인 것을 강조한 둔스 스코투스1266-1308와 윌리엄 오컴1300-1349이 제창한 길을 일컫는 말입니다. 중세 말, 현재 네덜란드 지역을 중심으로 일어난 경건 운동을 '데보치오 모데르나'devotio moderna, 즉 '새로운 헌신'이라 부른 것도 같은 맥락입니다. 세속과 분리된 수도원에서가 아니라 일상적 삶에서 형제들의 공동체를 통해 하나님 앞에서 순종하는 삶을 실천해 보자는 경건 운동에 붙인 이름이죠. 그러니까 '근대'는 이름만 보더라도 옛 것과의 단절 그리고 새로운 시작을 꿈꾼 시대라고 할 수 있습니다.[1] 데카르트는 이러한 의식을 철학적 작업으로 실천했던 사람이죠.

1. 근대, 이성, 신앙

그런데 무엇을 통한 새로움일까요? 새로움의 원천이 무엇이었을까요? 16세기에 꽃핀 인문주의와 교회 개혁 운동은 잃어버린 과거의 '원천'으로 돌아가 새로움을 실현해 보고자 했습니다. 하지만 17세기의 지식인들에게는 돌아갈 옛 것이 더 이상 존재하지 않았습니다. 당시 귀족이나 평민들이 모두 신봉하고 있는 과거의 것들은, 최전선에 서 있는 지식인들에게는 이제 처참한 잔해에 지나지 않는 것으로 보였기 때문이죠. 코페르니쿠스 이전의 천문학, 갈릴레이 이전의 물리학, 마키아벨리 이전의 정치학, 셰익스피어 이전의 문학, 신교와 구교로 나뉘기 이전의 교회, 이 모든 것은 타당성과 호소력을 잃어버렸습니다. 물론 현실에서는 과거의 전통이 엄청나게 큰 힘으로 일상적 삶을 지배하고 있습니다. 사람들은 여전히 천동설을 믿었고, 사회적 차등과 계급 제도를 당연한 것으로 여겼으며, 교회의 일원으로 태어나 교회의 일원으로 죽는 것이 하등 문제거리가 되지 않았죠. 그러나 변화의 최일선에 서서 현실과 사상의 변화를 관찰하고 생각하는 사람들에게는 이런 것들이 당연하지 않았던 거죠. 왜냐하면 '이성의 검증' 없이는 어떤 것도 타당성을 입증할 수 없다고 생각했기 때문입니다. 이성만이 새로움을 실현할 수 있는 유일한 원천이 된 것이죠.

어떤 의미에서 '근대'라는 시대는 적어도 이 시대의 이상에서 보자면 칸트가 말했듯이 '비판의 시대'라 할 수 있습니다. '비판'이 남의 잘못을 꼬집고 헐뜯는다는 뜻으로 쓰이는 경우도 있지만, 원래는 참과 거짓·옳고 그름을 가려내어 판단하는 행위를 뜻합니다. 옳은지 그른지, 참인지 거짓인지를 무엇을 통해 입증하고 판단할 수 있을까요? 과거에는 대체로 일상적인 경험, 전통, 사람들의 일반적 의견이 기준이 되었습니다. 하지만 이 모든 것은 근대 철학자와 과학자들이 볼 때 일종의 '편견' 또는 '선입견'에 지나지 않았습니다. 이것에 대항할 수 있는 무기는 '이성'밖에 없다는 것이 이들의 생각이었습니다. 이성으로 따져서 확인한 것 외에는 어떤 것도 수용해서는 안 된다는 것이죠. 이성을 참되고 보편적인 진리를 발견하고 판단할 수 있는 유일한 원천으로 본 것입니다. 데카르트처럼 피비린내 나는 종교 전쟁을 겪은 사람은 이런 생각을 하지 않을 수 없었습니다. 가톨릭과 개신교가 신앙의 이름으로 싸웠던 이른바 30년 전쟁1618~1648이 데카르트의 활동 시기와 정확히 겹친다는 사실은 많은 것을 생각하게 합니다. 실제로 데카르트는 네덜란드 군의 일원으로 이 전쟁에 참여한 적이 있습니다.

이런 상황에서 데카르트는 극단적일 정도로, 이성을 통해 확보되는 명증성을 참된 지식의 유일한 기준으로 내세웠던 거죠. 전혀 의심할 수 없이 확실한 것단을 참된 것으로 수용할 뿐, 그 외에는 어떤 것도 받아들이지 말라는 겁니다. 예컨대 지금 내가 여기 있다, 삼각형은 세 각으로 되어 있다, 이런 것만을 수용하고 의심의 여지가 조금이라도 있다면 '참된 것'이라 주장하지 말라는 거죠. 그런데 사실은 여기에도 심각한 문제가 있습니다. 만일 데카르트의 충고를 충실히 따른다면 수학과 자연과학의 몇몇 명제 외에 우리가 알고 있는 대부분의 지식은 배제해야 합니다. 사실 데카르트는 그렇게 했지요. 고전이나 역사, 수사학이나 문학 공부는 약간 도움이 되기는 하지만 재질과 자연적인 이성 능력만 있다면 얼마든지 좋은 글을 쓸 수 있고 남을 설득할 수 있다고 보았죠. 그래서 오히려 누구나 타고난 이성을 훈련하는 것이 필요하고, 모든 사람이 타고난 이성을 제대로 사용하도록 돕는 것이 가르치는 이들의 과제라고 생각했습니다. 신앙과 관련해서도, 무조건 믿는 믿음이 아니라 이성에 따라 잘 판단하면 오류에 빠지지 않고 참된 길로 들어설 수 있다고 보았죠. 이성이 유일한 인도자요 선생이 된 셈입니다.

데카르트와 파스칼

그러나 근대 철학자 가운데 이성만이 유일한 인도자일 수는 없다는 주장을 편 사람도 있습니다. 이성의 논리와 다른 논리, '기하학적 정신'과 대비되는 '섬세의 정신'이 있다고 본 사람이죠. 그가 바로 블레즈 파스칼Blaise Pascal, 1623-1662입니다. 그는 뛰어난 수학자요 과학자요 공학자인 동시에 철학자요 평신도 신학자였습니다. 데카르트와 파스칼은 두 사람 모두 17세기에 살았던 프랑스 사람이라는 것, 파스칼이 병상에 누워 있을 때 당시 네덜란드에 살고 있던 데카르트가 파리로 찾아가, 정확하게 말하자면 1647년 9월 23일 오후와 24일 아침에 두 차례 만난 적이 있다는 것, 두 사람 모두 학교 교육의 혜택은 크게 받지 못했다는 것이 비슷한 점입니다. 둘 다 천재적인 수학자요 과학자였다는 사실도 무시할 수 없는 것이겠죠. 데카르트가 해석기하학을 창안해 낸 것처럼 파스칼은 열여섯 살 때 원추곡선에 관한 연구로 '파스칼의 정리'라는 것을 만들었고, 확률 이론을 고안하기도 했습니다. 또한 그는 열두 살 때 음향에 관한 논문을 썼고 아리스토텔레스 이후 데카르트에 이르기까지 줄곧 부정되었던 진공이 있다는 사실을 입증하기도 한 물리학자였습니다. 또한 파스칼은 뛰어난 기술자였습니다. 수압계를 만들었고 판사로서 세무 관계 일을 처리하던 아버지를 돕기 위해 오늘날 컴퓨터의 조상이 된 계산기를 만들기도 했고, 파리 시내를 오가는 최초의 승합 마차 운행 체계를 고안하기도 했습니다.

이 점에서 파스칼은 데카르트와 다릅니다. 데카르트가 수학자로서 철저히 연역적 사고를 했다면, 파스칼은 실제로 실험을 통해서 어떤 이론이 참된지를 확증하고자 했습니다. 그는 수학에 머물지 않고 과학과 공학으로 옮겨 갔을 뿐 아니라 대중 교통 수단과 체계를 고안할 만큼 실제적인 사람이었습니다. 이론을 위한 이론, 지식을 위한 지식에 머물지 않고 사랑의 실천을 위한 수단으로 과학적·공학적 지식을 활용한 것은, 사랑의 실천이야말로 그리스도인의 사명이라고 여긴 그의 신앙에서 우러나온 것이기도 합니다.

데카르트와 파스칼은 과학적 태도뿐만 아니라 종교적 경험에서도 차이가 있습니다. 데카르트의 경우, 특별한 종교적 경험이 있는 것은 아니었지만 그렇다고 해서 기독교 신앙을 비판하거나 반대하지도 않았습니다. 그리고 신학의 가치에 대해 회의를 품긴 했지만 당시의 가톨릭 신학에 반기를 드는 일도 하지 않았습니다. 하지만 파스칼의 경우는 달랐지요. 1654년, 그러니까 데카르트가 죽은 지 4년 되던 해, 11월 23일 밤, 그는 잊을 수 없는 신앙 체험을 하게 됩니다. 그 결과 "불. 철학자와 식자의 신神이 아님, 아브라함의 하나님, 이삭의 하나님, 야곱의 하나님. 예수 그리스도의 하나님. 확신. 확신. 느낌. 기쁨. 평화. 예수 그리스도의 하나님"으로 시작하는 신앙 고백을 남기게 됩니다. '불'로 시작한 것은 마치 모세가 불타는 가시떨기 나무를 보면서 야웨 하나님을 만난 것과 같은 경험이었음을 말해 줍니다. 그 곳에서 야웨 하나님이 '현존하시는 분', 자기 백성의 고난받는 삶의 현장에 임하여 강한 손으로 구원해 줄 분으로 자신을 계시하신 사건을 떠올리게 합니다. 양피지에 쓴 이 고백은 그가 죽은 뒤 그의 옷깃 안에서 발견되었죠. 그 체험 이후 파스칼은, 지금은 벨기에 땅인 이프르의 주교였고 『아우구스티누스』라는 저서를 통해 '오직 그리스도', '오직 은혜'를 강조한 코르넬리우스 얀슨 Cornelius Jansen, 1585-1638을 따르는 사람들의 일파에 가담합니다(이들은 프랑스식으로 '쟝세니스트'라고 부르죠). 파스칼은 쟝세니스트들의 대변자격으로, 데카르트가 호의를 얻고자 그렇게 노력했던 바로 그 소르본 신학 교수들과 예수회 신학자들에 맞서 싸웠는데 이 논쟁으로 남은 글이 이른바 『프로뱅씨알』로 알려져 있는, 『한 시골 사람에게 보낸 편지들』입니다. 파스칼은 말년에 기독교 신앙을 변호하는 책을 준비했습니다. 그러나 안타깝게도 서른아홉의 나이로 죽는 바람에 완성하지 못하고 조각글들만 남겼습니다. 『팡세』가 바로 이 조각들을 모은 책이죠. 17세기에 나온 책 가운데 이처럼 사랑받는 책이 없다고 할 정도로 지금도 여전히 많은 사람들이 애독하는 책입니다.

데카르트와 파스칼을 구별짓는 세 번째 차이는 인생을 보는 태도입니다. 데카르트가 볼 때 인간은 신체와 영혼의 합성물입니다. 신체는 동물의 몸과 마찬가지로 하나의 자동 기계로 생각되고 '영혼'만이 인간을 인간답게 한다고 여겼지요. 데카르트는 영혼을, 무엇을 의심한다든지 상상한다든지 욕망한다든지, 긍정하거나 부정한다든지, 무엇을 느낀다든지 하는, 요컨대 무엇에 대해 의식意識하고 사유하는 실체라고 보았습니다. 이것을 데카르트는 사유하는 실재$^{\text{res cogitars}}$라고 불렀지요. 말하자면 영혼은 사유, 즉 생각하는 행위로 환원된 것이죠. 내가 불안해한다든지, 권태로움을 느낀다든지, 절망한다든지, 기쁨에 넘친다든지, 본능에 따라 움직이는 것은 안중에 없었던 거죠. 데카르트는 '지성'^{intellectus}, '이성'^{ratio}, '영혼'^{anima}, '정신'^{mens}, '자아'^{ego}를 모두 동일한 개념으로 보았습니다. 내가 곧 정신이고, 정신이 영혼이고, 영혼이 이성이며 지성이란 말이 되는 셈이죠. 그런데 파스칼은 '정말 영혼은 단지 사유하는 능력일 뿐인가?' '무엇에 관해 의식하고 추론하고 지각하는 능력에 불과한가?' '영혼을 무엇에 대한 의식으로, 무엇에 대한 사유로 또는 무엇을 추론하고 결론을 내리는 이성적 능력으로만 볼 수 있을까?' 하는 의심을 품은 것이죠.

'기하학적 정신'과 '섬세의 정신'

매우 실제적이었던 파스칼은 '기하학적 정신' 외에 '섬세의 정신'$^{\text{l'esprit de finesse}}$이 있다고 보았습니다.[2] 기하학적 정신이 이미 주어진 정의定義, 공리公理, 정리定理, 즉 원리로부터 추론을 통해 개별적인 사물을 인식하는 정신인 반면에, '섬세의 정신'은 모호한 것들이 매우 많이 주어진 일상적 상황에서 사물을 분별하고 판단할 수 있는, 그러나 그것이 어떻게 가능한가를 말로 설명하기는 힘든, 그런 정신을 말합니다. 전자가 주어진 것으로부터의 추론에 역점을 둔다면 후자는 마치 병아리를 감별하듯 느낌, 감각, 섬세한 판별을 중요하게 생각합니다. 논리적, 수학적 추론 외에 그와는 전혀 다른 느낌이나 섬세한 감각이 사물의 진실을 발견할 수 있는 수단으로 우리에게 주어져 있다는 말입니다. 그렇다고 해서 섬세의 정신에 전혀 원리가 없다는 것은 아닙니다. 파스칼은 『팡세』의 한 구절에서 이렇게 말합니다.

> 이 원리들은 보기가 힘들다. 그것들은 본다기보다 차라리 느끼는 것이다. 그것들을 느끼지 못하는 자들에게 깨닫게 하기란 무한히 힘든 노릇이니, 그것들이 워낙 섬세하고 워낙 많아서 그것들을 느끼려면 매우 섬세하고, 매우 정확한 감각이 있어야 하며, 또 이 느낌을 따라 올바르게 판단해야 하는데, 그러면서도 기하학의 경우처럼 차례로 증명할 수가 없는 것이다.…[만일 추론을 하더라도] 정신은 암묵적으로, 자연스럽게, 기교를 부리지 않고 한다. 따라서 그것을 표현하기란 힘겨운 일이고 그것을 느끼는 사람도 극소수에 불과하다.[3]

파스칼의 말에서 나타나는 몇 가지 대비는 매우 중요한 것으로 보입니다. 우선 '기하학'과 '섬세'가 대비되고 '추론하다'와 '느끼다' 또는 '추론'과 '느낌'^(감정, le sentiment)이 대비되고 '원리와 정의에 따르는 것'과 '암묵적으로, 자연스럽게, 기교 없이'^(tacitment, naturellement, et sans art)가 대비되고 있지요. 명시적 추론과는 달리 암묵적으로, 오랜 숙련과 경험을 통해 거의 직관적으로 판단을 내리는,

이성이나 지성과 구별되는 또다른 인식 능력으로서의 '판단력'le jugement이 있다는 거죠. 놀랍게도 우리는 근대의 객관주의적·탈인격적 과학 개념에 대항해서 과학적 지식이 지닌 인격적인 차원을 강조한 마이클 폴라니의 '암묵지'tacit knowledge란 개념이 파스칼의 '섬세의 정신'과 흡사함을 발견할 수 있습니다.[4]

  자전거를 예로 들어 봅시다. 자전거의 원리에 대해서 우리는 과학적 설명을 들을 수 있습니다. 기하학적 설명이나 물리적인 설명이 가능합니다. 바퀴가 어떻게 도는지, 힘의 중심이 어디에 있는지, 체인의 길이와 바퀴의 힘이 어떻게 서로 작용하는지, 뼈대와 바퀴의 무게가 속도에 어떠한 영향을 주는지에 대해 지식을 얻을 수 있습니다. 그러나 이것은 자전거를 실제로 타고 이용하는 것과는 다릅니다. 실제로 자전거를 타는 방법에 관해서도 우리는 지침을 마련할 수 있습니다. 가령, 규칙 1. "자전거를 탈 때는 가까운 곳을 보지 말고 멀리 바라볼 것", 규칙 2. "오른쪽으로 자전거가 기울면 몸을 왼쪽으로 자연스럽게 기울이면서 왼쪽 페달을 힘껏 밟을 것." 규칙 3. "왼쪽으로 자전거가 기울면 몸을 오른쪽으로 기울이면서 오른쪽 페달을 힘껏 밟아 줄 것." 이런 규칙을 가르칠 수 있지만 이것도 실제 상황과는 다릅니다. 자전거 타는 법을 배우려면 역시 자전거 안장에 몸을 얹고 몇 차례 넘어졌다 일어서면서 자전거에 몸을 적응시켜야 합니다. 명시된 규칙으로 설명할 수 없는 원리가 실제로 자전거를 타는 행위에 개입되어 있습니다. 기하학적, 수학적, 과학적, 지식만이 아니라, 몸을 통해 파스칼이 말하듯, "암묵적으로, 자연스럽게, 별다른 기교를 부리지 않고" 형성되는 지식의 차원이 있습니다.

마찬가지로 참된 진실을 아는 데는 수학이나 과학이 아닌, 또다른 이성, 또다른 논리가 있다는 거죠. 그래서 파스칼은 이렇게 말합니다. "마음은 이성이 모르는 논리를 가지고 있다." Le coeur a ses raisons que la raison ne connait point 5) '마음'le coeur에는 '이성'la raison이 모르는 마음 자신의 '이유들', '논리들'ses raisons이 있다는 것입니다.

2. "사람은 갈대다. 그러나 생각하는 갈대다."

조금 개인적인 이야기를 하자면 파스칼은 저에게 퍽 친근한 철학자입니다. 제가 논문 형식으로 처음 쓴 글이 파스칼에 관한 것입니다. 그러니까 고등학교 2학년 때 교우지에 『파스칼의 신앙관 - 그의 신앙의 각서를 중심으로』라는 글을 실었습니다. 지금 보니까 200자 원고지 30매 정도밖에 되지 않는 짧은 글이지만 저에게는 신앙과 이성의 관계를 바르게 세우는 데 도움이 되었습니다. 그 뒤 저는 신학대학으로 곧장 가긴 했지만 그때 파스칼을 읽고 키에르케고어를 읽은 것이 제가 그리스도인으로서 철학을 하는 데 무의식적으로 작용하지 않았나 생각합니다.

니체는 파스칼에 대해서 이렇게 말한 적이 있습니다. "파스칼은 그의 뛰어난 수학적 지성을 신에게 희생 제물로 바쳤다." 있지도 않은 신을 섬기느라 지성을 희생시켰다고 한탄한 것이죠. 하지만 파스칼은 지성을 희생시켰다기보다 지성에 올바른 자리를 매겼다고 하는 것이 더 정확하지 않을까요? 우리가 보기에 그는 참된 삶의 길을 찾았고 새로운 삶의 길을 따랐을 뿐 아니라 그

삶의 진실됨을 증거하고자 애썼죠. 30대 후반에 그는 그리스도 안에 있는 삶이야말로 참된 것임을 변호하는 책을 준비하고 있었습니다. 이 작업은 결국 미완으로 끝났지만 『팡세』Pensees란 이름으로 우리 곁에 남아 있습니다. '생각한 것들'이란 뜻이지요.

파스칼이 이론에만 열중한 사상가가 아니라 구체적 삶의 실천에 관심을 가졌던 사람이라는 것은 앞에서도 이야기했다시피 말년에 파리 서민들의 교통을 위해 승합 마차(오늘의 버스지요)를 고안하고 운영한 일에서도 나타나죠. 파스칼은 거기에서 얻은 수익금을 가난한 사람들을 구제하는 일에 사용했습니다. 또한 자신은 불치병으로 죽어가고 있으면서도 병든 아이를 집에 데려와 돌보기도 했습니다. 몸과 뜻과 지성知性을 다해 하나님을 섬길 뿐 아니라 이웃의 고통을 덜어 주고자 애썼던 것이죠. 그것은 사랑의 실천을 매우 강조한 신앙 때문이었습니다. 파스칼은 탁월한 기하학적 정신의 소유자인 동시에 '섬세의 정신'을 가진 분이었습니다. 이 점에서도 그는 자신만을 위해 살았던 데카르트와 구별됩니다.

사람은 갈대, 그러나 생각하는 갈대

여러분 가운데 '파스칼'이란 이름은 들어 보지 못했어도 "사람은 갈대다, 그러나 생각하는 갈대다"라는 말은 들어 본 사람이 많을 것이라고 생각합니다. 사람이 지닌 양면성이중성을 표현한 말입니다. 비참하면서도 위대한 존재란 말이죠. 성경에서도 갈대는 연약함을 상징합니다. 왕상14:15; 사42:3 그래서 파스칼은 이렇게 말합니다.

사람은 자연 가운데 가장 연약한 갈대에 지나지 않는다. 그러나 사람은 생각하는 갈대다. 사람을 없애기 위해 온 우주가 무장할 필요가 없다. 하나의 수증기, 한 방울의 물로도 넉넉히 사람을 죽일 수 있다. 그러나 우주가 사람을 없앤다 해도 사람은 자신을 없애는 우주보다 훨씬 고귀하다. 왜냐하면 그는 자신이 죽는다는 것과 우주가 자기보다 훨씬 우세함을 알고 있기 때문이다. 우주는 아무것도 모른다. 그러므로 우리의 존엄성은 온전히 생각하는 데 있다. 우리는 우리가 채울 수 없는 공간과 시간으로서가 아니라 이것, 즉 생각으로써 우리의 가치를 올려야 한다. 그러므로 잘 생각하도록 힘쓰자. 이것이 바로 도덕의 원리다.[6]

사실 그렇습니다. 신체로 보자면 사람은 연약하기 짝이 없죠. 잠시만 숨을 쉬지 못해도 금방 죽지요. 죽이고자 마음만 먹는다면 그렇게 어려울 게 없는 것이 사람이란 존재입니다. 하지만 풀이나 나무, 소나 개는 그렇게 자신이 죽을 수 있다는 것을 모르고 있죠. 사람만이 자기가 그렇게 쉽게 죽을 수 있다는 것을 압니다. 생각하기 때문에, 생각할 수 있기 때문에 그런 것입니다. 그래서 파스칼은 비록 사람이 갈대지만 그럼에도 생각하는 갈대라고 말한 것이죠. "생각은 사람을 위대하게 만든다" 그는 이렇게도 말하고 있습니다.[7] 생각할 수 있다는 것, 알 수 있다는 것, 모른다는 것조차 알 수 있다는 것, 이것이야말로 사람의 존엄성을 구성한다고 본 것이죠. 공간, 크기, 지속과 같은 측면에서 보면 사람은 아무것도 아니지만 온 우주를 생각할 수 있다는 점에서 위대하다는 것이죠.

사람: 무와 무한 사이의 중간자

어떻게 이런 생각이 가능했을까요? 어떻게 우주 속에서 인간이 비록 아무것도 아니지만 그럼에도 생각한다는 사실만으로 위대한 존재라고 말할 수 있을까요? "사실 인간이 자연 안에서 무엇이란 말인가? 무한에 비하면 무, 무에 대해서는 전체, 무와 무한의 중간자."[8]

인간이 무한과 무의 중간자라는 사실은 여러 곳에서 발견된다고 파스칼은 생각합니다. 예컨대 우리의 오관을 봅시다. 소음이 너무 심하거나 빛이 너무 강하거나 거리가 너무 떨어졌거나 너무 가까울 때 우리의 귀나 눈은 제대로 작동할 수 없습니다. 극도의 추위도, 극단의 더위도 견딜 수 없습니다. 교육을 너무 많이 받거나 전혀 받지 않아도 이해력에 문제가 생깁니다. 무엇을 명백하게 알 수 없지만 그렇다고 절대적 무지 상태에 있는 것도 아닙니다. 인간은 이 모든 것의 중간에 있는 존재라는 것입니다.

> 우리의 몫으로 온 이 중간이 항상 양 극단에서 떨어져 있는 만큼 어떤 사람이 사물을 조금 더 이해한다고 무엇이 그리 대수로운가? 사물을 이해한다면 그것은 조금 높은 곳에서 따왔을 뿐이다. 끝에서 무한히 떨어져 있기는 여전하지 않은가? 10년을 더 산다고 해도 생애의 길이가 영원에서 무한히 멀리 떨어져 있기는 마찬가지가 아닌가? 이 무한과 비겨 보면 모든 유한물은 동등하다. 그러니 무엇 때문에 우리 상상력을 유독 어떤

한 가지에 고정시켜 둔단 말인가?"[9]

과학사학자 알렉산드로 코이레[1892-1964]의 말을 빌리자면, 근대 이전의 세계는 하나의 '닫힌 세계'였습니다. 모든 것은 제자리에 놓여 있고 존재하는 사물은 각각 자신에게 부여된 질서에 따라 그렇게 존재하는 것으로 생각되었죠. 중세인만 해도 발 밑에는 단단한 땅이 있고 머리 위로는 하나님과 천사들의 처소가 있는 그런 세계를 가지고 있었습니다. 그러나 근대 물리학이 형성되면서 그러한 세계는 깨어지고 말았습니다. 세계에는 운동과 변화가 있지만 법칙에 따라 그러할 뿐, 어떤 특별한 목적이 없을 뿐 아니라 인간이 이 세계에서 특권을 주장해야 할 이유도 전혀 없다는 것이죠. 우주는 그야말로 말없이 펼쳐진 무한한 공간에 지나지 않게 되었습니다. 존재할 뿐, 그리고 움직이고 있을뿐, 그 자체로 어떤 목적도 의미도 없는 세계, 이러한 세계에 대해서 파스칼은 "이 무한한 공간의 침묵이 나를 공포에 떨게 한다"고 말합니다.[10]

우주 속에, 그것도 수없이 많은 은하계 안에, 은하계 중에서도 지극히 작은 한 모퉁이의 태양계 속에, 태양계 안에서도 지구 위에, 지구 가운데서도 이 조그마한 땅에 내가 있다고 생각하면 나의 작음과 보잘것없음에 대해서 전율할 수 밖에 없지요. 그러나 "공간으로는 우주가 나를 담고 있고 한 개의 점처럼 나를 삼키지만 그러나 나는 생각으로 우주를 담고 있다"고 파스칼이 말하듯이, 사람은 온 우주를 생각할 수 있고 우주를 탐구하고 우주에 관해서 말할 수 있습니다.[11] 우주의 관점에서 보면 사람은 지극히 작은 한 점에 불과하지만 생각을 통해 우주를 담을 수 있다는 점에서 사람은 역시 위대하다는 거죠.

인간의 상황: 변덕, 권태, 불안

이 대목에서 파스칼은 우리에게 생각할 거리를 주고 있습니다. 사람이 생각한다는 점에서 위대하지만 과연 생각 자체로 사람이 위대하다고 할 수 있을까요? 생각이 사람을 위대하게 만드는 이유가 무엇인가요? 파스칼은 여기서 인간 존재의 역설적 상황을 꿰뚫어 보고 있습니다. 우주는 물 한 방울로 사람을 죽일 수 있지만 그 사실을 알지 못합니다. 하지만 사람은 그것을 알고 있습니다. 이것이 바로 인간의 위대함이라는 겁니다. 말하자면 자신이 얼마나 연약하고 비참한 존재인가를 아는 데 인간의 위대함이 있다는 것이죠. 우주는 아무리 강하고 힘이 있다고 해도 이 사실을 모르기 때문에 위대하다고 할 수 없습니다. 그래서 파스칼은 이렇게 말합니다.

> 인간의 위대함은 자기가 비참하다는 것을 아는데 있다. 나무는 자기가 비참하다는 것을 알지 못한다. 자기 자신의 비참함을 깨닫는 것은 비참한 일이다. 그러나 인간이 비참하다는 것을 아는 것은 위대한 일이다.[12]

신체적 연약성뿐만 아니라 도덕적 연약함 그리고 도덕적 사회적 무력 등, 파스칼이 생각한 연약성은 인간 존재의 모든 차원을 포함하고 있습니다. 인간 존재의 이런 차원을 파스칼은 이렇게 길게 쓰고 있습니다.

> 누가 나를 이 세상에 생겨나게 했는지, 세계는 그리고 나는 무엇인지 알 수 없다. 나는 만사에 대해서 끔찍한 무지 속에 있다. 나는 나의 육체, 나의 감각, 나의 정신이 무엇인지 모른다. 내가 말하는 것을 생각하고 모든 것 그리고 자신에 대해 성찰하는, 그러나 다른 것은 물론 자기 스스로도 모르는 나의 일부분이 무엇인지 모른다. 나는 나를 에워싼 이 우주의 끔찍한 공간을 본다. 그리하여 광막한 우주의 한 모퉁이에 매달린 자신을 발견할 뿐, 무슨 이유로 다른 곳 아닌 이 곳에 있는지, 무슨 이유로 나에게 허용된 이 짧은 시간이 과거에서 나에게 이르는 모든 영원과 미래로 이어질 모든 영원 사이의 다른 시점이 아닌 이 시점에 지정되었는지를 모른다. 어느 곳을 둘러보아도 보이는 것은 무한뿐이며 이 무한은 다시는 돌아올 길 없이 한 순간 지속될 뿐인 하나의 원자, 하나의 그림자와도 같은 나를 덮고 있다. 나는 내가 곧 죽으리라는 것을 알 뿐이다. 그러나 무엇보다도 내가 모르는 것은 이 피할 수 없는 죽음 그 자체이다. 내가 어디서 왔는지 모르는 것처럼 또 어디로 가는지도 모른다. 다만 알고 있는 것은 이 세상을 떠나면 영원히 허무 속에, 아니면 성난 신의 손에 떨어지리라는 것뿐이다. 두 상태 중 어느 편에 영원히 갇히게 될지 모르는 가운데, 이것이 곧 결함과 불확실에 넘쳐 있는 나의 상태이다.[13]

비참하면서도 위대한 존재, 위대하면서도 그 비참함을 빠져

나올 수 없는 존재, 이것이 파스칼이 본 인간 상황입니다. 불균형, 모순, 불안정, 이와 같은 것들이 인간의 현실적 존재를 규정 짓는 것으로 생각했죠. "무한에 비해서는 무, 무에 비해서는 전체, 무와 전체 사이의 중간자. 양극을 이해하는 데서 무한히 떨어진 인간에게는 사물의 종국도 그 근원도 다같이 헤아릴 수 없는 비밀 속에 숨겨져 있다. 인간은 그가 끌려 나온 허무도, 그 안에 삼켜진 무한도 볼 수 없다. 그렇다면 인간은, 사물의 종국도 근원도 알지 못하는 영원한 절망 속에서 다만 사물의 중간, 표면을 보는 것 외에 무엇을 할 수 있겠는가? 만물은 허무에서 나와 무한을 향해 나아간다. 누가 이 놀라운 움직임을 따라가겠는가? 경이의 창조자는 이것을 알고 있다. 다른 누구도 알 수 없다."[14] 『팡세』단장 24에서는 "인간의 상황. 변덕, 권태, 불안"이라고 짧게 묘사하고 있지요.

시간죽이기: 비참으로부터 벗어나는 길

이러한 상황에서 사람은 무엇을 할 수 있을까요? 여기에는 어림잡아 세 가지 길이 있습니다. 첫 번째가 시간죽이기죠. 사냥, 도박, 잡담, 오락, 전쟁과 같은 분주한 일을 통해 권태에서 벗어나려는 것입니다. 프랑스어로 '디베르티스망'divertissement이라 부르는 것이죠. '기분 전환', '오락', '시간 보내기' 등으로 번역하는 말입니다. 갖은 방식으로 시간죽이기를 하는 모습을 파스칼은 이렇게 그리고 있습니다. "우주를 알고 모든 사물을 판단하고 일국을 통치하기 위해 태어난 사람이 한 마리의 토끼를 잡으려는 일념에 사로잡혀 있다."[15]

"오락 – 사람은 죽음과 비참과 무지를 고칠 수가 없으니까, 행복해지기 위해서 그런 것을 생각하지 않기로 작정하였다."[16]

그런데 생각하지 않는다고 해서 문제를 극복할 수 있을까요? 파스칼은 오히려 밑바닥까지 내려갔다가 다시 올라오기를 권합니다. 그래서 둘째 대안과 셋째 대안, 즉 회의론과 독단론도 좋은 대안으로 보지 않았죠. 회의론은 모든 진리에 대해 판단을 중지하고 주어진 불확실성 가운데 살아가는 것이죠. 독단론은 주어진 지식을 참된 것으로 고집하고 그것에 집착하여 확실성을 고집하는 것입니다. 그러나 파스칼은 우리의 본성(본능)이 회의론을 거부하며(따라서 어떤 방식으로든 확실성을 찾으며) 우리의 이성은 독단론을 거부한다(따라서 확실하다고 하는 것에 대해서 의문을 품을 수 있다)고 말합니다. 단장 131은 이 문제를 심각하게 다루고 있습니다.

"그렇다면 이와 같은 상태에서 인간은 어떻게 할 것인가? 회의하는 것마저도 회의할 것인가? 자신이 존재하는 것도 회의할 것인가?" 그러나 "우리는 거기까지 갈 수 없다. 실로 완벽한 회의론자가 일찍이 없었다는 것은 사실이다. 무력한 이성을 자연이 지탱하여 그토록 극단을 달리지 못하도록 견제한다"고 파스칼은 말합니다. 그리고 독단론에 대해서도 이같이 말합니다. "이와 반대로 인간은 확실한 진리를 파악하고 있다고 할 것인가? 조금만 다그쳐도 아무런 근거도 밝히지 못하고 쥐었던 것을 놓을 수밖에 없는 인간이 말이다." 이성을 통해 조금만 비판적으로 검토하더라도 독단론의 허구는 쉽게 무너지기 때문이죠. 회의론이든 독단론이든 인간에게 비참의 상태를 벗어날 수 있는 확실성을 주지 못한다는 것입니다. 모든 것이 확실하다는 것이 확실하지 않듯이 모든 것이 불확실하다는 것도 확실하지 않기 때문이죠. 그래서 파스칼을 단말마의 비명을 지르듯 이렇게 외칩니다.

> 그러니 인간이란 얼마나 기괴한 짐승인가? 얼마나 신기하며, 얼마나 혼돈스러우며 얼마나 모순 덩어리며 또 얼마나 놀라운가? 만물의 심판자이면서 보잘것없는 더러운 지렁이. 진리의 보관자이자 불확실과 오류의 시궁창. 우주의 영광이자 쓰레기.[17]

무력한 이성이여, 겸손하라

그래서 파스칼은 이렇게 묻습니다. "누가 이 얽힌 것을 풀 것인가? 자신의 참된 처지가 어떠한지를 타고난 이성으로 탐구하는 사람들아, 그대들은 도대체 무엇이 되겠는가?"

> 그러나 교만한 자여, 그대가 자신에 대해서 얼마나 모순덩어리인지 깨달아라. 무력한 이성이여, 겸손하라. 미련한 본성아, 입을 다물라. 인간이 인간을 무한히 초월한다는 것을 깨닫고 그대가 모르는 그대의 참된 처지가 무엇인지를 그대의 스승에게 배우라. 하나님께 귀를 기울이라.[18]

파스칼은 무엇보다 우리 자신에 대한 인식을 요구합니다. 우리 자신을 알라는 것입니다. 그에 따르면 우리는 양면을 지닌 존재입니다. 한편으로는 비참한 존재고 다른 한편으로는 위대한 존재입니다. 비참하다는 것은, 신체적으로 미약할 뿐 아니라 행복을 추구하지만 행복하지 않고 진리를 추구하지만 오히려 거짓만 알 뿐이며, 선을 추구하지만 오히려 악을 저지르는 존재이기 때문이죠. 그러나 다른 한편 자신이 비참한 존재임을 스스로 알고 있다는 데 인간의 위대성이 있다는 것입니다. 이 위대성이 또한 그 나름대로 또다른 비참의 원천이 되죠. 왜냐하면 자신이 비참함을 알고도 거기에서 벗어날 길을 찾을 수 없기 때문입니다. 그래서 생각한 것이 시간 죽이기 또는 모든 것을 판단하지 않으려는 회의론 또는 어떤 의견을 확실한 것으로 고집하는 독단적인 태도지요. 하지만 이 모든 것이 인간에게 '초월'의 길을 보여 주지 않는다는 것이죠. 파스칼에 따르면 초월의 길은 오직 하나님께 귀기울이는 데 있습니다.

3. 아브라함과 이삭과 야곱의 하나님, 예수 그리스도의 하나님

인간은 생각할 수 있다는 점에서 동물과 구별되고, 이 점에서 어떤 존재보다도 위대합니다. "인간은 갈대다, 그러나 생각하는 갈대다"라는 말은 인간이 지닌 양면성, 한편으로는 비참하고 다른 한편으로는 위대함을 표현한 것입니다. 신체적으로 도덕적으로 인간은 한없이 연약한 존재이지만 그럼에도 불구하고 생각할 수 있다는 사실, 다시 말해 자신의 상황과 처지를 의식하고 생각할 수 있다는 것이 인간을 위대하게 만듭니다. 위대하면서 비참하고 비참하면서 위대한 존재, 곧 모순 속에 있는 존재가 인간입니다. 이 모순을 어떻게 극복할 수 있을까요? 모순에 빠져 있으면서, 모순 안에서 참된 평안과 행복을 찾을 방도가 있을까요? 모순의 극복은 모순의 원인을 제대로 알 때 가능합니다. 어디서 문제가 생겼는지, 문제의 근원을 밝힐 때 비로소 해결의 기미를 찾을 수 있지요. 인간의 행복하기를 원하면서도 행복하지 못하는 이유가 무엇일까요? 그렇게 지식을 추구하면서도 제대로 알 수 없는 이유가 무엇일까요? 끊임없이 의미를 추구하고 싶어하면서도 실제로는 그와 상관없는 삶을 살고 있는 까닭이 무엇일까요?

인간의 행복은 하나님께 있다

사람들은 대부분 삶에 대해 심각하게 묻지 않습니다. 혹시 묻는다 하더라도 집요하게 묻지 않습니다. 분주한 일상에 빠져 먹고살기에 바쁘거나, 그래도 시간과 여유가 있는 사람은 다른 일로 정신을 분산시키는 것이 보통 사람들이 사는 방식이죠. 행복하고자 정신없이 시간을 보낼 동안 더욱 불행해지는 것이 인간입니다. 그래서 파스칼은 이렇게 말합니다. "만일 사람이 행복했다면 정신이 덜 분산되었을 것이고, 그랬다면 좀더 행복했을 것이다."[19]

그러면 어떤 해결책이 있을까요? 두 가지 길을 생각해 볼 수 있습니다. 하나는 자기를 잊는 길이고 다른 하나는 자기 자신을 찾아 안으로 들어가는 길이죠. 그러나 파스칼은 이렇게 말합니다. "스토아 학파 사람들은 '그대들 자신 속으로 돌아가라. 거기서 평안을 발견하게 되리라'고 말한다. 그러나 이것은 참말이 아니다. 다른 이들은 '밖으로 나가서 오락을 즐기는 가운데 행복을 찾으라'고 말하지만 이것도 참말이 아니다. 오히려 병들게 된다. 행복은 우리 밖에 있지 않고 우리 안에도 있지 않다. 그것은 하나님께 있으며 우리의 안과 밖에 있다."[20]

행복은 오직 우리를 창조하고 보존하시는 하나님께 있다고 파스칼은 단정합니다. 하나님을 알 때 비로소 우리 자신을 알 수 있고 우리 자신을 알 때 비로소 하나님을 겸손하게 섬길 수 있습니다.

> 자기의 비참을 모르고 하나님을 아는 것은 교만을 자아낸다. 하나님을 알지 못하고 자기의 비참을 아는 것은 절망을 불러일으킨다. 예수 그리스도를 아는 것은 중간을 이룬다. 왜냐하면 거기에서 우리는 하나님과 우리의 비참함을 발견하기 때문이다.[21]

예수 그리스도를 아는 지식, 예수 그리스도 안에서 참된 하나님을 알고 사랑하는 것만이 인간이 처한 상황과 조건을 설명해 줄 수 있고 인간에게 진정한 행복을 가져다 줄 수 있다는 것입니다. 왜냐하면 그 안에서만 불행과 비참의 원인을 알 수 있고 그로부터 벗어날 길을 찾을 수 있다고 생각했기 때문이죠.

> 만일 사람이 타락한 적이 없었다면 그 무죄한 가운데서 진리도 복락도 모두 틀림없이 누릴 것이고, 또 만일 사람이 일찍이 타락하지 않은 적이 없었다면 진리에 대해서도 복락에 대해서도 아무런 상상을 못할 것이기 때문이다. 그러나 불행하게도 그리고 우리 처지에 위대함이 도무지 없던 것보다도 더 불행

하게, 우리는 행복에 대한 관념을 가지고 있으면서 거기에 다다를 수 없으며, 진리의 영상을 느끼면서도 허위밖에는 가지지 못하였다. 완전히 모를 수도 없고 확실히 알 수도 없는 만큼 우리가 어떤 정도의 완전에 있었는데 불행히도 거기서 떨어졌다는 것은 명백하다.[22]

이 구절을 보고 사람들은 파스칼이 지성을 희생시켰다고 비난할 수 있습니다. 지성과 이성을 통해 인간 실존 상황을 분석, 해명할 뿐 아니라 또한 행복의 길도 보여 주어야 했을 텐데 그렇게 하지 않았으니까요. 오히려 "이성이여, 겸손하라. 미련한 본성아, 입을 다물라"고 외치는가 하면 "우리가 진정 우리를 알 수 있는 길은 우리 이성의 교만한 활동에 있지 않고 이성의 단순한 복종에 있다"[23]고 말하고 있습니다. 왜냐하면 인간의 첫 조상 아담의 타락이라는 수수께끼, 그리고 그 아담 안에서 모든 사람이 죄에 참여한다는 수수께끼 같은 이야기 없이는 인간 존재의 수수께끼를 풀어낼 수 없다고 보았기 때문입니다. 이것을 수용하는 일은 지성의 희생이나 이성의 망각이 아니라 오히려 지극히 이성적인 행동이라고 파스칼은 생각합니다. 왜냐하면 인간 이성의 힘은 자신이 알 수 없는 것조차 알 수 있다고 고집하는 데 있는 것이 아니라 의심할 때 의심하고 단정할 때 단정하고 순종할 때 순종하는 데 있다고 믿었기 때문입니다. 자, 그렇다면 파스칼의 하나님은 어떤 하나님일까요?

하나님에 대한 신앙은 확실성의 근거

파스칼은 결정적으로 회심했던 밤, 이른바 '불의 밤'이라 부르는 그 밤의 경험을 기록으로 남겨 두었습니다. 옷깃에 실로 꿰매 남모르게 보관했던 회상기 '메모리알'로 알려져 있죠는 이렇게 시작됩니다.

은혜의 해

1654년 11월 23일. 월요일. 순교 축일표에 따르면 교황이며 순교자인 성 클레멘스 및 다른 성인들의 축일. 순교자 성 크리소곤과 다른 여러 성인들 축일의 전날.

밤 10시 30분경부터 12시 30분경까지.

불

철학자와 식자의 신이 아닌,
아브라함의 하나님, 이삭의 하나님, 야곱의 하나님.
확신. 확신. 느낌. 기쁨. 평화.
예수 그리스도의 하나님.
나의 하나님과 너의 하나님.
너의 하나님은 나의 하나님이 되리라.
세상을 잊고 하나님 외 모든 것을 잊음.
그분은 복음에서 가르친 길 외에는 발견되지 않는다.
사람의 영혼의 위대함.
외로운 아버지여, 세상이 아버지를 알지 못하여도
나는 아버지를 알았습니다.

기쁨. 기쁨. 기쁨. 기쁨의 눈물.[24]

무엇보다 파스칼은 예수 그리스도 안에서 참된 평안, 참된 확실성의 근거를 찾았다고 말합니다. 데카르트와는 전혀 다른 해결책인 셈이죠. 데카르트는 생각하는 자아, 생각을 통해 자신의 존재를 확신하는 자아에서 확실성의 근거를 찾았습니다. 모든 것을 다 의심할 수 있다고 해도 자신의 존재는 의심할 수 없다는 것이죠. 물론 나 자신은 하나님이 만들었고 하나님이 그 존재를 받쳐 주고 있다고 말합니다. 그러나 데카르트의 하나님은 형이상학적으로 사유된 하나님이었습니다. 완전, 무한, 전능이 하나님의 속성으로 거론되고 있지요. 하나님에게는 결핍이나 결함이 있을 수 없으므로 속일 수 없고, 따라서 우리가 보고 듣고 생각하는 것이 어떤 악한 신에 의해 속임을 당하는 것이 아니라는 사실이 보증된다고 생각했죠. 하지만 데카르트의 하나님은 그 존재가 증명되고 나면 그 뒤로는 별로 쓸데없는 하나님처럼 보입니다. 그래서 파스칼은 데카르트에 대해서 이렇게 말합니다.

> 나는 데카르트를 용서할 수 없다. 그는 그의 철학 전체에서 가능하면 하나님 없이 지내려고 했던 것 같다. 그러나 세계를 운동시키기 위해서 하나님으로 하여금 손가락을 움직이지 않을 수 없게 하였다. 그 다음 그는 하나님을 필요로 하지 않았다.[25]

예수 그리스도 안에서 발견한 확실성, 좀 더 정확하게 말하면 예수 그리스도를 통해 계시된 하나님 안에서 발견한 확실성은 데카르트의 확실성과는 전혀 다른 종류였습니다. 데카르트의 확실성은 나의 생각, 나의 존재에 기반을 둔 확실성이었고 어떠한 감정이나 기쁨도 가져다 주지 않는 확실성이었습니다. 하지만 살아계신 하나님 안에서 발견한 확실성은 기쁨과 평안을 가져다 주었고 적어도 파스칼이 믿기에는 인간 존재의 모순을 풀어 주는 확실성이었습니다. 왜냐하면 예수 그리스도를 통해 알게 된 하나님 안에서 인간이 원래 얼마나 영광스러운 존재이며 얼마나 존귀한 존재로 지음받았는가, 이 존귀함을 어떻게 해서 상실하게 되었는가, 이 존귀한 상태가 어떻게 회복되는가를 알 수 있기 때문이지요. 하나님 안에서 인간의 가치를 올바르게 매길 수 있음을 파스칼은 분명히 알고 있었습니다. "사람이 스스로 높이면 낮춰 버리고 사람이 스스로 낮추면 나는 높여 준다. 그가 '이해할 수 없는 괴물'임을 스스로 이해할 때까지 나는 늘 그에게 맞선다."[26] 파스칼이 이렇게 말할 수 있었던 것은 "예수 그리스도는 사람이 교만해지지 않고 가까이하며 실망하지 않고 그 밑에서 자기를 낮출 수 있는 하나님"이라고 고백할 수 있었기 때문입니다.[27] 예수 그리스도 안에서 우리는 존귀할 수 있고 동시에 겸손할 수 있기 때문이지요. 이런 의미에서 "예수 그리스도를 통해서만 하나님을 알 수 있는 것이 아니라, 우리 자신도 예수 그리스도를 통해서만 알게 된다"고 파스칼은 말합니다.[28]

철학자와 신학자들이 그린 하나님

이제 파스칼의 하나님을 좀더 생각해 볼까요? "철학자와 식자의 신이 아닌, 아브라함의 하나님, 이삭의 하나님, 야곱의 하나님. 예수 그리스도의 하나님." 그의 신앙 회상기는 이렇게 자신이 믿는 하나님을 기술하고 있습니다. 철학자와 식자의 신과 예수 그리스도의 하나님 즉 아브라함과 이삭과 야곱의 하나님을 파스칼은 엄격하게 구별하고 있습니다. "우리는 예수 그리스도를 통해서만 하나님을 안다. 이 중보자가 없다면 하나님과의 교제는 결코 있을 수 없다. 예수 그리스도를 통해서 우리는 하나님을 안다. 예수 그리스도 없이 하나님을 알고 그를 증명한다고 주장한 자들은 모두가 무력한 증거밖에 내놓지 못했다."[29]

파스칼이 염두에 둔 신 존재 증명은 어떤 것일까요? 대표적인 경우로 우리는 토마스 아퀴나스가 『신학대전』Summa Theologiae에서 정리하고 있는 '다섯 가지 길'을 예로 들 수 있습니다.

첫째는 이른바 운동에 의한 증명입니다. 세상에 있는 것들은 움직이고 있으며 운동은 하나의 사실임을 우리는 감각적 지각을 통해서 알고 있습니다. 여기서 운동은 가능태에서 현실태로의 이행으로 이해됩니다. 그런데 이미 현실태에 있는 것에 의하지 않고서는 사물이 가능태에서 현실태로 이행할 수 없습니다. 움직이는 것은 모든 다른 것에 의해 움직이고, 이렇게 끊임없는 움직임의 최초의 원인으로 거슬러 올라가는 것이 가능합니다. 우리는 결국 스스로는 움직이지 않으면서 다른 모든 것을 움직이는 것을 생각하지 않을 수 없습니다. 자기는 움직이지 않으면서 다른 모든 것을 움직이는 자, 한문투로 말하자면 부동不動의 원동자原動者가 곧 하나님이라는 거죠.

둘째 증명은 모든 사물의 존재 원인이 되는 작용인作用因의 질서 및 계열에서 시작합니다. 이 논증에 따르면 어떠한 것도 자기 자신의 원인일 수 없습니다. 왜냐하면 자기 자신의 원인이기 위해서는 자신보다 앞서 존재하지 않으면 안 되기 때문입니다. 그러나 작용인의 계열에서 무한 소급은 불가능합니다. 그러므로 어떤 최초의 작용인이 존재하지 않을 수 없습니다. 이 최초의 작용인제1원인을 사람들은 하나님이라 부른다는 것이죠.

세 번째 증명은 어떤 존재자는 생성하고 소멸한다는 사실에서 출발합니다. 생성과 소멸은 그것들이 필연적인 것이 아니라 우연적인 것을 보여 줍니다. 우연적이란 있을 수도 있고 없을 수도 있다는 말입니다. 만일 필연적이라면 항상 있을 것이고 생성 소멸하지 않을 것이기 때문입니다. 그래서 아퀴나스는 우연적인 것들이 있기 위해서는 그러한 것들을 있게 한 이유로서의 필연적 존재가 반드시 있어야 한다고 말하고 있습니다. 그 필연적 존재가 하나님이라는 것이죠.

네 번째 증명은 이 세상에 있는 것 가운데는 완전성, 선성善性, 진리의 단계가 있다는 가정에서 출발합니다. "이것이 저것보다 좋다", "이것이 저것보다 참되다"고 말할 수 있는 것은 완전성에 단계가 있기 때문입니다. 그런데 완전성, 선성, 진리에는 '최선의 존재', '최고의 존재', '최고 진리의 존재'가 있어야 합니다. 이 최선, 최고, 최고 진리의 존재가 하나님이라는 것이죠. 후세 사람들이 이른바 '존재론적 증명'이라 부른 증명입니다.

마지막으로 다섯 번째는 목적론적 증명입니다. 이것은 존재하는 모든 것에는 목적을 향한 움직임이 있다는 데서 출발합니다. 어떤 목적을 향한 움직임은 우연히 일어날 수 없고 그 목적을 지향하는 결과일 수밖에 없다는 거죠. 그런데 어떤 지적 존재가 있어서 모든 사물을 그렇게 움직이도록 했다는 것이지요. 바로 이 지적 존재를 아퀴나스는 하나님이라고 부릅니다.

아퀴나스의 증명에 전통 형이상학이나 신학의 핵심 개념이 등장하는 것은 우연히 아닙니다. 부동의 원동자, 제1원인, 가장 필연적인 존재, 가장 완전한 존재, 지적 존재가 그것입니다. 하나님의 존재를 이렇게 설명하고자 한 것은 가톨릭 전통뿐만 아니라 개신교 전통에서도 찾아볼 수 있습니다. 그런데 바로 이런 노력에 대해 파스칼은 쐐기를 박은 셈이죠. 참된 구원의 하나님, 살아 계신 하나님은 철학자와 신학자들이 논리로 그려낸 하나님이 아니라는 것입니다. "하나님에 대한 형이상학적 증거는 사람들의 추리에서 너무 거리가 멀고 복잡해서 사람들에게 별로 감명을 주지 못한다. 혹시 어떤 사람들에게 쓸모가 있다 해도 논증을 보고 있는 순간에만 그러할 뿐, 한 시간만 지나도 벌써 혹시 속지 않았는가 겁을 낸다."30) 형이상학이나 신학의 노력이 전혀 쓸모 없는 것은 아니라 할지라도 실제로 하나님을 알고 사랑하고 섬기는 데는 별로 기여하지 못한다고 생각한 것입니다.

아브라함과 이삭과 야곱의 하나님

그렇다면 파스칼의 하나님, 즉 예수 그리스도의 하나님, 아브라함과 이삭과 야곱의 하나님은 어떤 분일까요? 한마디로 자기 백성과 함께하시고, 구원의 강한 손을 펼치시고, 고통받는 현장에 동참하시며, 한없이 자기를 낮추시는 분입니다. 아브라함과 이삭과 야곱은 그 하나님을 자신의 하나님으로 확신하고 섬겼던 거죠. 이삭을 보십시오. 이삭이 브엘세바에 올라갔던 밤, 여호와께서 나타나 "나는 네 아비 아브라함의 하나님이니 두려워 말라"고 하셨죠. 이삭은 그 곳에서 단을 쌓고 '여호와의 이름'을 불렀습니다.^{창26:23~25} 아버지 아브라함의 하나님이 이제 이삭 자신의 하나님이 된 것입니다. 야곱도 처음에는 "나의 조부 아브라함의 하나님, 나의 아버지 이삭의 하나님 여호와"^{창32:9}라고 부르다가 온갖 일을 겪은 후 결국 세겜에서 단을 쌓은 다음 그 곳을 "엘 엘로헤 이스라엘" 즉 "하나님, 이스라엘 곧 야곱의 하나님"이라 고백했죠.^{창33:20} 모세에게 나타난 하나님도 자신을 바로 이 조상들의 하나님, 곧 "아브라함의 하나님, 이삭의 하나님, 야곱의 하나님 여호와"로 알려 주셨죠. 때와 장소는 다르지만 언제나 이렇게 동일한 하나님으로, 역사 속에 참여하고 자기 백성에게 구원의 능력으로 현존하시는 하나님은 예수님의 입을 통해 다시 한 번 확인되지요. "나는 아브라함의 하나님이요 야곱의 하나님이로라 하신 것을 읽어 보지 못하였느냐 하나님은 죽은 자의 하나님이 아니요 산 자의 하나님이시니라"^{마22:32}

더 읽고 생각하기

파스칼의 하나님에 대해서 좀더 이야기했으면 좋았을 텐데 지면이 제한되어있어 퍽 유감스럽습니다. 그러나 확실한 것은 예수 그리스도를 통해 알게 된 하나님, 성령 하나님의 알려 주심으로 인해서 믿게 된 하나님만이 우리의 삶을 걸 수 있는 하나님이란 사실입니다. 파스칼은 우리의 실존적 상황에서 출발해서, 예수 그리스도를 통해 알 수 있는 하나님이 아니면 우리 삶의 문제가 해결될 수 없음을 보여 주었습니다. 좀더 생각하고 토론해 보고 싶은 분은 다음과 같은 질문과 답을 생각해 보십시오. 이성과 신앙은 파스칼에게 어떤 관계가 있는가? 인간이란 어떤 존재인가? 파스칼의 그림은 인간 존재의 실제 모습을 잘 반영하는가? 왜 파스칼은 데카르트 철학을 문제 삼았을까? 아퀴나스의 신 존재 증명은 설득력이 있는가? 아브라함에서 이삭으로, 이삭에서 야곱으로 전해진 하나님은 어떤 하나님인가? 창세기에서 하나님은 어떤 모습으로 나타나시는가? 아브라함과 이삭과 야곱은 각각 하나님을 어떻게 경험하는가? 파스칼의 글은 지금 읽어도 마치 우리 시대 사람의 글처럼 생생합니다. 그러므로 반드시 『팡세』를 직접 읽어 보시길 바랍니다. 성경 다음으로 『팡세』를 사랑하는 분당 두레교회 박철수 목사님이 뽑아서 옮긴 『파스칼의 팡세-생각하는 갈대』(예찬사, 2000)는 그 진수를 맛보게 해줄 것입니다. 그 외 『팡세』(서원모 옮김, 서울: 크리스챤다이제스트, 2000), 『팡세』(김형길 옮김, 서울: 서울대학교출판부, 1996) 등이 있습니다.

파스칼 되돌아보기

블레즈 파스칼은 1623년 6월 19일 프랑스 중부 지방 끌레르몽에서 태어났습니다. 그의 아버지 에티엔느는 아들의 재능을 발견하자 공무원 일을 그만두고 파리로 옮겨 갔습니다. 요즘 말로 '홈 스쿨링'을 통해 아들의 교육에 전념하는 한편 메르센느를 중심으로 한 파리의 과학자들 모임에 참여합니다. 파스칼은 어릴 때부터 수학적 천재성을 인정받았습니다. 1639년에는 원추곡선에 관한 논문을 썼고, 1642년에는 노르망디에서 아버지의 작업을 돕기 위해 기계식 계산기를 발명하고, 진공에 관한 실험을 통해 유명한 '파스칼의 원리'를 창안합니다. 23세 때 신앙 체험을 하게 됩니다. 1651년 아버지의 죽음, 1652년 누이동생 자끌린느의 포르 루아얄 수도회 입회, 1654년 두 번째 신앙 체험은 파스칼의 삶을 바꾸게 됩니다. 파리를 떠나 포르 루아얄에 머물면서 경건 생활에 몰입하는 한편, 예수회나 쟝세니스트들의 신학 논쟁에 가담합니다.

『프로뱅씨알』Les Provinciales, 1655~1657로 알려진 글은 이 논쟁의 결과로 남게 된 것입니다. 모두 18편의 편지로 된 이 글은 프랑스 문학에서도 중요하게 평가됩니다. 『그리스도의 생애에 관한 소고』1657 『은총에 관한 글』1657, 『기하학적 정신에 대하여』1658, 『하나님께 질병의 선용을 요구하는 기도』1659 등의 글이 있고, 1662년 8월 19일 39세의 나이로 파리에서 일생을 마칩니다. 기독교 신앙을 변증하기 위해 썼던 글모음 『팡세』Pensees: 생각한 것들는 1669년 빛을 본 뒤로 지금까지도 많은 사람들의 심금을 울리는 책으로 사랑 받고 있습니다. 신앙과 불신앙을 하나의 '내기'도박로 제안한 것이 유명합니다. 만일 불신앙을 선택했는데 하나님이 존재한다면 모든 것을 사후死後에 잃을 것이고, 신앙을 선택한다면 혹시 하나님이 없더라도 크게 잃을 것이 없습니다. 따라서 신앙을 선택하는 것이 훨씬 합리적이라는 주장입니다. 머뭇거리는 사람들을 설득하기 위해 머리를 짜 본 것입니다. 파스칼은 예수 그리스도를 통한 구원의 확실성을 털끝만큼도 의심하지 않았습니다.

■ 후주

1) 중세로부터 근대로의 이행에 관한 철학적, 신학적 논의로는 예컨대 예일대 신학부 교수 Louis Dupre의 *Passage to Modernity* (New Haven & London: Yale University Press, 1993)를 참고하라.

2) 파스칼, 『팡세』, 512. 팡세는 앞에서 이야기한 대로 라퓌마 판의 단장 번호를 따른다. 한국어로는 여러 번역본이 있다. 박철수 편역, 『파스칼의 팡세-생각하는 갈대』(예찬사, 2000)는 젊은 그리스도인들이 쉽게 접근할 수 있도록 팡세에서 중요한 구절들을 뽑아 해설을 붙였다.

3) 『팡세』, 512.

4) 마이클 폴라니, 『개인적 지식』(표재명 외 옮김, 서울: 아카넷, 2001) 참조; 폴라니의 책은 『지적 자유와 의미』(김하자 외 옮김, 서울: 범양사, 1992), 『과학 신념 사회』(이은봉 옮김, 서울: 범양사, 1990)가 번역되어 있다.

5) 『팡세』, 423.

6) 『팡세』, 200.

7) 『팡세』, 759.

8) 『팡세』, 199.

9) 『팡세』, 199.

10) 『팡세』, 201.

11) 『팡세』, 113.

12) 『팡세』, 114.

13) 『팡세』, 427.

14) 『팡세』, 199.

15) 『팡세』, 522.

16) 『팡세』, 133.
17) 『팡세』, 133.
18) 『팡세』, 133.
19) 『팡세』, 136.
20) 『팡세』, 407.
21) 『팡세』, 192.
22) 『팡세』, 131.
23) 『팡세』, 131.
24) 『팡세』, 913.
25) 『팡세』, 1001.
26) 『팡세』, 130.
27) 『팡세』, 212.
28) 『팡세』, 417.
29) 『팡세』, 189.
30) 『팡세』, 190.